AF368017

PAPE FRANÇOIS

Patris corde

*Lettre apostolique
à l'occasion du 150ème anniversaire
de la déclaration de saint Joseph
comme Patron de l'Église Universelle*

En annexe

ANNÉE SAINT JOSEPH
Décret de la Pénitencerie Apostolique
Saint Joseph et les papes
Prières au Saint

En annexe :

Annexe éditée par Giuseppe Merola

Traduction française par Janvier Marie Gustave Yameogo

Sur la couverture :
Saint Joseph endormi
Figurine en céramique peinte à la main
fait par Brunella Malfatti
© Photo Libreria Editrice Vaticana

© Copyright 2021 - Libreria Editrice Vaticana
00120 Città del Vaticano
Tel. 06.698.45780
E-mail: commerciale.lev@spc.va

ISBN 978-88-266-0565-4

www.vatican.va

www.libreriaeditricevaticana.com

Pape François

Lettre apostolique

Patris corde

à l'occasion du 150ème anniversaire
de la déclaration de saint Joseph
comme Patron de l'Église Universelle

AVEC UN CŒUR DE PÈRE : C'est ainsi que Joseph a aimé Jésus, qui est appelé dans les quatre Évangiles « le fils de Joseph ».[1]

Les deux évangélistes qui ont mis en relief sa figure, Matthieu et Luc, racontent peu, mais bien suffisamment pour le faire comprendre, quel genre de père il a été et quelle mission lui a confiée la Providence.

---

[1] *Lc* 4, 22 ; *Jn* 6, 42 ; cf. *Mt* 13, 55 ; *Mc* 6, 3.

Nous savons qu'il était un humble charpentier (cf. *Mt* 13, 55), promis en mariage à Marie (cf. *Mt* 1, 18 ; *Lc* 1, 27) ; un « homme juste » (*Mt* 1, 19), toujours prêt à accomplir la volonté de Dieu manifestée dans sa Loi (cf. *Lc* 2, 22.27.39), et à travers quatre songes (cf. *Mt* 1, 20 ; 2, 13.19.22). Après un long et fatiguant voyage de Nazareth à Bethléem, il vit naître le Messie dans une étable, parce qu'ailleurs « il n'y avait pas de place pour eux » (*Lc* 2, 7). Il fut témoin de l'adoration des bergers (cf. *Lc* 2, 8-20) et des Mages (cf. *Mt* 2, 1-12) qui représentaient respectivement le peuple d'Israël et les peuples païens.

Il eut le courage d'assumer la paternité légale de Jésus à qui il donna le nom révélé par l'ange : « Tu lui donneras le nom de Jésus, car c'est lui qui sauvera son peuple de ses péchés » (*Mt* 1, 21). Comme on le sait, donner un nom à une personne ou à une chose signifiait, chez les peuples antiques, en obtenir l'appartenance, comme l'avait fait Adam dans le récit de la Genèse (cf. 2, 19-20).

Quarante jours après la naissance, Joseph, avec la mère, offrit l'Enfant au Seigneur dans le Temple et entendit, surpris, la prophétie de Siméon concernant Jésus et Marie (cf. *Lc* 2, 22-35). Pour défendre Jésus d'Hérode, il séjourna en Égypte comme un étranger (cf. *Mt* 2, 13-18). Revenu dans sa patrie, il vécut en cachette dans le petit village inconnu de Nazareth en Galilée – d'où, il était dit, « qu'il ne surgit aucun prophète » et « qu'il ne peut jamais en sortir rien de bon » (cf. *Jn* 7, 52 ; 1, 46) –, loin de Bethléem, sa ville natale, et de Jérusalem où se dressait le Temple. Quand, justement au cours d'un pèlerinage à Jérusalem, ils perdirent Jésus âgé de douze ans, avec Marie ils le cherchèrent angoissés et le retrouvèrent dans le Temple en train de discuter avec les docteurs de la Loi (cf. *Lc* 2, 41-50).

Après Marie, Mère de Dieu, aucun saint n'a occupé autant de place dans le Magistère pontifical que Joseph, son époux. Mes prédécesseurs ont approfondi le message contenu dans les quelques données transmises par les Évangiles pour mettre davantage en évidence son rôle central dans l'histoire du salut : le bienheureux Pie IX l'a déclaré « Patron de l'Église Catholique »,[2] le vénérable Pie XII l'a présenté comme « Patron des travailleurs »,[3] et saint Jean Paul II comme

---

[2] S. RITUUM CONGREG., *Quemadmodum Deus* (8 décembre 1870) : *Pii IX P.M. Acta*, pars I, vol. V, 283.

[3] Cf. *Discours aux ACLI à l'occasion de la Solennité de saint Joseph Artisan* (1er mai 1955) : *AAS* 47 (1995), p. 406.

« Gardien du Rédempteur ».[4] Le peuple l'invoque comme « Patron de la bonne mort ».[5]

Par conséquent, à l'occasion des 150 ans de sa déclaration comme *Patron de l'Église Catholique* faite par le bienheureux Pie IX, le 8 décembre 1870, je voudrais – comme dit Jésus – que « la bouche exprime ce qui déborde du cœur » (cf. *Mt* 12, 34), pour partager avec vous quelques réflexions personnelles sur cette figure extraordinaire, si proche de la condition humaine de chacun d'entre nous. Ce désir a mûri au cours de ces mois de pandémie durant lesquels nous pouvons expérimenter, en pleine crise qui nous frappe, que « nos vies sont tissées et soutenues par des personnes ordinaires, souvent oubliées, qui ne font pas la une des journaux et des revues ni n'apparaissent dans les grands défilés du dernier *show* mais qui, sans aucun doute, sont en train d'écrire aujourd'hui les évènements décisifs de notre histoire : médecins, infirmiers et infirmières, employés de supermarchés, agents d'entretien, fournisseurs de soin à domicile, transporteurs, forces de l'ordre, volontaires, prêtres, religieuses et tant d'autres qui ont compris que personne ne se

---

[4] Exhort. ap. *Redemptoris custos* (15 août 1989) : *AAS* 82 (1990), pp. 5-34.

[5] *Catéchisme de l'Église Catholique*, n. 1014.

sauve tout seul. [...] Que de personnes font preuve chaque jour de patience et insufflent l'espérance, en veillant à ne pas créer la panique mais la co-responsabilité ! Que de pères, de mères, de grands-pères et de grands-mères, que d'enseignants montrent à nos enfants, par des gestes simples et quotidiens, comment affronter et traverser une crise en réadaptant les habitudes, en levant le regard et en stimulant la prière ! Que de personnes prient, offrent et intercèdent pour le bien de tous ».[6] Nous pouvons tous trouver en saint Joseph l'homme qui passe inaperçu, l'homme de la présence quotidienne, discrète et cachée, un intercesseur, un soutien et un guide dans les moments de difficultés. Saint Joseph nous rappelle que tous ceux qui, apparemment, sont cachés ou en « deuxième ligne » jouent un rôle inégalé dans l'histoire du salut. À eux tous, une parole de reconnaissance et de gratitude est adressée.

1. *Père aimé*

La grandeur de saint Joseph consiste dans le fait qu'il a été l'époux de Marie et le père adoptif de Jésus.

---

[6] *Méditation en période de pandémie* (27 mars 2020) : *L'Osservatore Romano*, éd. en langue française (31 mars 2020), p. 5.

Comme tel, il « se mit au service de tout le dessin salvifique », comme l'affirme saint Jean Chrysostome.[7]

Saint Paul VI observe que sa paternité s'est exprimée concrètement dans le fait « d'avoir fait de sa vie un service, un sacrifice au mystère de l'incarnation et à la mission rédemptrice qui y est jointe ; d'avoir usé de l'autorité légale qui lui revenait sur la Sainte Famille pour lui faire un don total de soi, de sa vie, de son travail ; d'avoir converti sa vocation humaine à l'amour domestique dans la surhumaine oblation de soi, de son cœur et de toute capacité d'amour mise au service du Messie germé dans sa maison ».[8]

En raison de son rôle dans l'histoire du salut, saint Joseph est un père qui a toujours été aimé par le peuple chrétien comme le démontre le fait que, dans le monde entier, de nombreuses églises lui ont été dédiées. Plusieurs Instituts religieux, Confréries et groupes ecclésiaux sont inspirés de sa spiritualité et portent son nom, et diverses représentations sacrées se déroulent depuis des siècles en son honneur. De nombreux saints et saintes ont été ses dévots pas-

---

[7] *In Matth. Hom.*, V, 3 : PG 57, 58.

[8] *Homélie* (19 mars 1966) : *Enseignements de Paul VI*, IV (1966), p. 110.

sionnés, parmi lesquels Thérèse d'Avila qui l'adopta comme avocat et intercesseur, se recommandant beaucoup à lui et recevant toutes les grâces qu'elle lui demandait ; encouragée par son expérience, la sainte persuadait les autres à lui être dévots.[9]

Dans tout manuel de prière, on trouve des oraisons à saint Joseph. Des invocations particulières lui sont adressées tous les mercredis, et spécialement durant le mois de mars qui lui est traditionnellement dédié.[10]

La confiance du peuple en saint Joseph est résumée dans l'expression « *ite ad Joseph* » qui fait référence au temps de la famine en Égypte quand les gens demandaient du pain au pharaon, et il répon-

[9] Cf. *Livre de la vie*, 6, 6-8.

[10] Tous les jours, depuis plus de quarante ans, après les Laudes, je récite une prière à saint Joseph tirée d'un livre français de dévotions des années 1800, de la Congrégation des Religieuses de Jésus et Marie, qui exprime dévotion, confiance et un certain défi à saint Joseph : « Glorieux Patriarche saint Joseph dont la puissance sait rendre possibles les choses impossibles, viens à mon aide en ces moments d'angoisse et de difficulté. Prends sous ta protection les situations si graves et difficiles que je te recommande, afin qu'elles aient une heureuse issue. Mon bien-aimé Père, toute ma confiance est en toi. Qu'il ne soit pas dit que je t'ai invoqué en vain, et puisque tu peux tout auprès de Jésus et de Marie, montre-moi que ta bonté est aussi grande que ton pouvoir. Amen ».

dait : « Allez trouver Joseph, et faites ce qu'il vous dira » (*Gn* 41, 55). Il s'agit de Joseph, le fils de Jacob qui par jalousie avait été vendu par ses frères (cf. *Gn* 37, 11-28) et qui – selon le récit biblique – est devenu par la suite vice-roi d'Égypte (cf. *Gn* 41, 41-44).

En tant que descendant de David (cf. *Mt* 1, 16.20), la racine dont devait germer Jésus selon la promesse faite à David par le prophète Nathan (cf. *2 S* 7), et comme époux de Marie de Nazareth, saint Joseph est la charnière qui unit l'Ancien et le Nouveau Testament.

2. *Père dans la tendresse*

Joseph a vu Jésus grandir jour après jour « en sagesse, en taille et en grâce, devant Dieu et devant les hommes » (*Lc* 2, 52). Tout comme le Seigneur avait fait avec Israël, « il lui a appris à marcher, en le tenant par la main : il était pour lui comme un père qui soulève un nourrisson tout contre sa joue, il se penchait vers lui pour lui donner à manger » (cf. *Os* 11, 3-4).

Jésus a vu en Joseph la tendresse de Dieu : « Comme la tendresse du père pour ses fils, la tendresse du Seigneur pour qui le craint » (*Ps* 103, 13).

Joseph aura sûrement entendu retentir dans la synagogue, durant la prière des Psaumes, que le Dieu d'Israël est un Dieu de tendresse,[11] qu'il est bon envers tous et que « sa tendresse est pour toutes ses œuvres » (*Ps* 145, 9).

L'histoire du salut s'accomplit en « espérant contre toute espérance » (*Rm* 4, 18), à travers nos faiblesses. Nous pensons trop souvent que Dieu ne s'appuie que sur notre côté bon et gagnant, alors qu'en réalité la plus grande partie de ses desseins se réalise à travers et en dépit de notre faiblesse. C'est ce qui fait dire à saint Paul : « Pour m'empêcher de me surestimer, j'ai reçu dans ma chair une écharde, un envoyé de Satan qui est là pour me gifler, pour empêcher que je me surestime. Par trois fois, j'ai prié le Seigneur de l'écarter de moi. Mais il m'a déclaré : "Ma grâce te suffit, car ma puissance donne toute sa mesure dans la faiblesse" » (*2 Co* 12, 7-9).

Si telle est la perspective de l'économie du salut, alors nous devons apprendre à accueillir notre faiblesse avec une profonde tendresse.[12]

[11] Cf. *Dt* 4, 31 ; *Ps* 69, 17 ; 78, 38 ; 86, 5 ; 111, 4 ; 116, 5 ; *Jr* 31, 20.

[12] Cf. Exhort. ap. *Evangelii gaudium* (24 novembre 2013), nn. 88.288.

Le Malin nous pousse à regarder notre fragilité avec un jugement négatif. Au contraire, l'Esprit la met en lumière avec tendresse. La tendresse est la meilleure manière de toucher ce qui est fragile en nous. Le fait de montrer du doigt et le jugement que nous utilisons à l'encontre des autres sont souvent un signe de l'incapacité à accueillir en nous notre propre faiblesse, notre propre fragilité. Seule la tendresse nous sauvera de l'œuvre de l'Accusateur (cf. *Ap* 12, 10). C'est pourquoi il est important de rencontrer la Miséricorde de Dieu, notamment dans le Sacrement de la Réconciliation, en faisant une expérience de vérité et de tendresse. Paradoxalement, le Malin aussi peut nous dire la vérité. Mais s'il le fait, c'est pour nous condamner. Nous savons cependant que la Vérité qui vient de Dieu ne nous condamne pas, mais qu'elle nous accueille, nous embrasse, nous soutient, nous pardonne. La Vérité se présente toujours à nous comme le Père miséricordieux de la parabole (cf. *Lc* 15, 11-32) : elle vient à notre rencontre, nous redonne la dignité, nous remet debout, fait la fête pour nous parce que « mon fils que voilà était mort, et il est revenu à la vie ; il était perdu, et il est retrouvé » (v. 24).

La volonté de Dieu, son histoire, son projet, passent aussi à travers la préoccupation de Joseph. Joseph nous enseigne ainsi qu'avoir foi en Dieu comprend également le fait de croire qu'il peut agir à travers nos peurs, nos fragilités, notre faiblesse. Et il nous enseigne que, dans les tempêtes de la vie, nous ne devons pas craindre de laisser à Dieu le gouvernail de notre bateau. Parfois, nous voudrions tout contrôler, mais lui regarde toujours plus loin.

3. *Père dans l'obéissance*

Dieu a aussi révélé à Joseph ses desseins par des songes, de façon analogue à ce qu'il a fait avec Marie quand il lui a manifesté son plan de salut. Dans la Bible, comme chez tous les peuples antiques, les songes étaient considérés comme un des moyens par lesquels Dieu manifeste sa volonté.[13]

Joseph est très préoccupé par la grossesse incompréhensible de Marie : il ne veut pas « l'accuser publiquement »[14] mais décide de « la renvoyer en se-

---

[13] Cf. *Gn* 20,3 ; 28, 12 ; 31, 11.24 ; 40, 8 ; 41, 1-32 ; *Nb* 12, 6 ; *1S* 3, 3-10 ; *Dn* 2 ; 4 ; *Jb* 33, 15.

[14] La lapidation était aussi prévue dans ces cas (cf. *Dt* 22, 20-21).

cret » (*Mt* 1, 19). Dans le premier songe, l'ange l'aide à résoudre son dilemme : « Ne crains pas de prendre chez toi Marie, ton épouse, puisque l'enfant qui est engendré en elle vient de l'Esprit Saint ; elle enfantera un fils, et tu lui donneras le nom de Jésus, car c'est lui qui sauvera son peuple de ses péchés » (*Mt* 1, 20-21). Sa réponse est immédiate : « Quand Joseph se réveilla, il fit ce que l'ange du Seigneur lui avait prescrit » (*Mt* 1, 24). Grâce à l'obéissance, il surmonte son drame et il sauve Marie.

Dans le deuxième songe, l'ange demande à Joseph : « Lève-toi ; prends l'enfant et sa mère, et fuis en Égypte. Reste là-bas jusqu'à ce que je t'avertisse, car Hérode va rechercher l'enfant pour le faire périr » (*Mt* 2, 13). Joseph n'hésite pas à obéir, sans se poser de questions concernant les difficultés qu'il devra rencontrer : « Il se leva dans la nuit, il prit l'enfant et sa mère et se retira en Égypte, où il resta jusqu'à la mort d'Hérode » (*Mt* 2, 14-15).

En Égypte, Joseph, avec confiance et patience, attend l'avis promis par l'ange pour retourner dans son Pays. Le messager divin, dans un troisième songe, juste après l'avoir informé que ceux qui cherchaient à tuer l'enfant sont morts, lui ordonne de se lever, de prendre avec lui l'enfant et sa mère et de retourner en terre d'Israël (cf. *Mt* 2, 19-20). Il obéit une fois encore sans hésiter : « Il se leva, prit l'enfant et sa mère, et il entra dans le pays d'Israël » (*Mt* 2, 21).

Mais durant le voyage de retour, « apprenant qu'Arkélaüs régnait sur la Judée à la place de son père Hérode, il eut peur de s'y rendre. Averti en songe, – et c'est la quatrième fois que cela arrive – il se retira dans la région de Galilée et vint habiter dans une ville appelée Nazareth » (*Mt* 2, 22-23).

L'évangéliste Luc rapporte que Joseph a affronté le long et pénible voyage de Nazareth à Bethléem pour se faire enregistrer dans sa ville d'origine, selon la loi de recensement de l'empereur César Auguste. Jésus est né dans cette circonstance (cf. *Lc* 2, 1-7) et il a été inscrit au registre de l'Empire comme tous les autres enfants.

Saint Luc, en particulier, prend soin de souligner que les parents de Jésus observaient toutes les prescriptions de la Loi : les rites de la circoncision de Jésus, de la purification de Marie après l'accouchement, de l'offrande du premier-né à Dieu (cf. 2, 21-24).[15]

---

[15] Cf. *Lv* 12, 1-8 ; *Ex* 13, 2.

Dans chaque circonstance de sa vie, Joseph a su prononcer son « *fiat* », tout comme Marie à l'Annonciation, et comme Jésus à Gethsémani.

Dans son rôle de chef de famille, Joseph a enseigné à Jésus à être soumis à ses parents (cf. *Lc* 2, 51), selon le commandement de Dieu (cf. *Ex* 20, 12).

Dans la vie cachée de Nazareth, Jésus a appris à faire la volonté du Père à l'école de Joseph. Cette volonté est devenue sa nourriture quotidienne (cf. *Jn* 4, 34). Même au moment le plus difficile de sa vie, à Gethsémani, il préfère accomplir la volonté du Père plutôt que la sienne,[16] et il se fait « obéissant jusqu'à la mort [...] de la croix » (*Ph* 2, 8). C'est pourquoi l'auteur de la Lettre aux Hébreux conclut que Jésus « apprit par ses souffrances l'obéissance » (5, 8).

Il résulte de tous ces événements que Joseph « a été appelé par Dieu à servir directement la personne et la mission de Jésus *en exerçant sa paternité*. C'est bien de cette manière qu'il coopère dans la plénitude du temps au grand mystère de la Rédemption et qu'il est véritablement ministre du salut ».[17]

---

[16] Cf. *Mt* 26, 39 ; *Mc* 14, 36 ; *Lc* 22, 42.

[17] S. JEAN-PAUL II, Exhort. ap. *Redemptoris custos* (15 août 1989), n. 8 : *AAS* 82 (1990), p. 14.

4. *Père dans l'accueil*

Joseph accueille Marie sans fixer de conditions préalables. Il se fie aux paroles de l'Ange. « La noblesse de son cœur lui fait subordonner à la charité ce qu'il a appris de la loi. Et aujourd'hui, en ce monde où la violence psychologique, verbale et physique envers la femme est patente, Joseph se présente comme une figure d'homme respectueux, délicat qui, sans même avoir l'information complète, opte pour la renommée, la dignité et la vie de Marie. Et, dans son doute sur la meilleure façon de procéder, Dieu l'aide à choisir en éclairant son jugement ».[18]

Bien des fois, des évènements dont nous ne comprenons pas la signification surviennent dans notre vie. Notre première réaction est très souvent celle de la déception et de la révolte. Joseph laisse de côté ses raisonnements pour faire place à ce qui arrive et, aussi mystérieux que cela puisse paraître à ses yeux, il l'accueille, en assume la responsabilité et se réconcilie avec sa propre histoire. Si nous ne nous réconcilions pas avec notre histoire, nous ne réussirons

---

[18] *Homélie de la Sainte Messe avec Béatifications*, Villavicencio - Colombie (8 septembre 2017) : *L'Osservatore Romano*, éd. en langue française (14 septembre 2017), p. 12 : *AAS* 109 (2017), p. 1061.

pas à faire le pas suivant parce que nous resterons toujours otages de nos attentes et des déceptions qui en découlent.

La vie spirituelle que Joseph nous montre n'est pas un chemin qui *explique*, mais un chemin qui *accueille*. C'est seulement à partir de cet accueil, de cette réconciliation, qu'on peut aussi entrevoir une histoire plus grande, un sens plus profond. Semblent résonner les ardentes paroles de Job qui, à l'invitation de sa femme à se révolter pour tout le mal qui lui arrive, répond : « Si nous accueillons le bonheur comme venant de Dieu, comment ne pas accueillir de même le malheur » (*Jb* 2, 10).

Joseph n'est pas un homme passivement résigné. Il est fortement et courageusement engagé. L'accueil est un moyen par lequel le don de force qui nous vient du Saint Esprit se manifeste dans notre vie. Seul le Seigneur peut nous donner la force d'accueillir la vie telle qu'elle est, de faire aussi place à cette partie contradictoire, inattendue, décevante de l'existence.

La venue de Jésus parmi nous est un don du Père pour que chacun se réconcilie avec la chair de sa propre histoire, même quand il ne la comprend pas complètement.

Ce que Dieu a dit à notre saint : « Joseph, fils de David, ne crains pas » (*Mt* 1, 20), il semble le répéter à nous aussi : « N'ayez pas peur ! ». Il faut laisser de côté la colère et la déception, et faire place, sans aucune résignation mondaine mais avec une force pleine d'espérance, à ce que nous n'avons pas choisis et qui pourtant existe. Accueillir ainsi la vie nous introduit à un sens caché. La vie de chacun peut repartir miraculeusement si nous trouvons le courage de la vivre selon ce que nous indique l'Évangile. Et peu importe si tout semble déjà avoir pris un mauvais pli et si certaines choses sont désormais irréversibles. Dieu peut faire germer des fleurs dans les rochers. Même si notre cœur nous accuse, il « est plus grand que notre cœur, et il connaît toutes choses » (*1 Jn* 3, 20).

Le réalisme chrétien, qui ne rejette rien de ce qui existe, revient encore une fois. La réalité, dans sa mystérieuse irréductibilité et complexité, est porteuse d'un sens de l'existence avec ses lumières et ses ombres. C'est ce qui fait dire à l'apôtre Paul : « Nous savons qu'avec ceux qui l'aiment, Dieu collabore en tout pour leur bien » (*Rm* 8, 28). Et saint Augustin ajoute : « … même en ce qui est appelé mal (*etiam illud quod malum dicitur*) ».[19] Dans cette perspective globale, la foi donne un sens à tout évènement, heureux ou triste.

Loin de nous, alors, de penser que croire signifie trouver des solutions consolatrices faciles. La foi que nous a enseignée le Christ est, au contraire, celle que nous voyons en saint Joseph qui ne cherche pas de raccourcis mais qui affronte "les yeux ouverts" ce qui lui arrive en en assumant personnellement la responsabilité.

L'accueil de Joseph nous invite à accueillir les autres sans exclusion, tels qu'ils sont, avec une prédilection pour les faibles parce que Dieu choisit ce qui est faible (cf. *1 Co* 1, 27). Il est « père des orphelins, justicier des veuves » (*Ps* 68, 6) et il commande d'aimer l'étranger.[20] Je veux imaginer que, pour la parabole du fils prodigue et du père miséricordieux, Jésus se soit inspiré des comportements de Joseph (cf. *Lc* 15, 11-32).

5. *Père au courage créatif*

Si la première étape de toute vraie guérison intérieure consiste à accueillir sa propre histoire, c'est-à-

---

[19] *Enchiridion de fide, spe et caritate*, 3,11 : *PL* 40, p. 236.
[20] Cf. *Dt* 10, 19 ; *Ex* 22, 20-22 ; *Lc* 10, 29-37.

dire à faire de la place en nous-mêmes y compris à ce que nous n'avons pas choisi dans notre vie, il faut cependant ajouter une autre caractéristique importante : le courage créatif, surtout quand on rencontre des difficultés. En effet, devant une difficulté on peut s'arrêter et abandonner la partie, ou bien on peut se donner de la peine. Ce sont parfois les difficultés qui tirent de nous des ressources que nous ne pensons même pas avoir.

Bien des fois, en lisant les "Évangiles de l'enfance", on se demande pourquoi Dieu n'est pas intervenu de manière directe et claire. Mais Dieu intervient à travers des évènements et des personnes. Joseph est l'homme par qui Dieu prend soin des commencements de l'histoire de la rédemption. Il est le vrai "miracle" par lequel Dieu sauve l'Enfant et sa mère. Le Ciel intervient en faisant confiance au courage créatif de cet homme qui, arrivant à Bethléem et ne trouvant pas un logement où Marie pourra accoucher, aménage une étable et l'arrange afin qu'elle devienne, autant que possible, un lieu accueillant pour le Fils de Dieu qui vient au monde (cf. *Lc* 2, 6-7). Devant le danger imminent d'Hérode qui veut tuer l'Enfant, Joseph est alerté, une fois encore en rêve, pour le défendre, et il organise la fuite en Égypte au cœur de la nuit (cf. *Mt* 2, 13-14).

Une lecture superficielle de ces récits donne toujours l'impression que le monde est à la merci des forts et des puissants. Mais la "bonne nouvelle" de l'Évangile est de montrer comment, malgré l'arrogance et la violence des dominateurs terrestres, Dieu trouve toujours un moyen pour réaliser son plan de salut. Même notre vie semble parfois à la merci des pouvoirs forts. Mais l'Évangile nous dit que, ce qui compte, Dieu réussit toujours à le sauver à condition que nous ayons le courage créatif du charpentier de Nazareth qui sait transformer un problème en opportunité, faisant toujours confiance à la Providence.

Si quelquefois Dieu semble ne pas nous aider, cela ne signifie pas qu'il nous a abandonnés, mais qu'il nous fait confiance, qu'il fait confiance en ce que nous pouvons projeter, inventer, trouver.

Il s'agit du même courage créatif démontré par les amis du paralytique qui le descendent par le toit pour le présenter à Jésus (cf. *Lc* 5, 17-26). La difficulté n'a pas arrêté l'audace et l'obstination de ces amis. Ils étaient convaincus que Jésus pouvait guérir le malade et « comme ils ne savaient par où l'introduire à cause de la foule, ils montèrent sur le toit et, à travers les tuiles, ils le descendirent avec sa civière, au milieu, devant Jésus. Voyant leur foi, il dit : "Homme, tes péchés te sont remis" » (vv. 19-20). Jésus reconnaît la foi créative avec laquelle ces hommes ont cherché à lui amener leur ami malade.

L'Évangile ne donne pas d'informations concernant le temps pendant lequel Marie, Joseph et l'Enfant restèrent en Égypte. Cependant, ils auront certainement dû manger, trouver une maison, un travail. Il ne faut pas beaucoup d'imagination pour remplir le silence de l'Évangile à ce propos. La Sainte Famille a dû affronter des problèmes concrets comme toutes les autres familles, comme beaucoup de nos frères migrants qui encore aujourd'hui risquent leur vie, contraints par les malheurs et la faim. En ce sens, je crois que saint Joseph est vraiment un patron spécial pour tous ceux qui doivent laisser leur terre à cause des guerres, de la haine, de la persécution et de la misère.

À la fin de chaque événement qui voit Joseph comme protagoniste, l'Évangile note qu'il se lève, prend avec lui l'Enfant et sa mère, et fait ce que Dieu lui a ordonné (cf. *Mt* 1, 24 ; 2, 14.21). Jésus et Marie sa Mère sont, en effet, le trésor le plus précieux de notre foi.[21]

On ne peut pas séparer, dans le plan du salut, le Fils de la mère, de celle qui « avança dans son pèlerinage de foi, gardant fidèlement l'union avec son Fils jusqu'à la croix ».[22]

Nous devons toujours nous demander si nous défendons de toutes nos forces Jésus et Marie qui sont mystérieusement confiés à notre responsabilité, à notre soin, à notre garde. Le Fils du Tout-Puissant vient dans le monde en assumant une condition de grande faiblesse. Il se fait dépendant de Joseph pour être défendu, protégé, soigné, élevé. Dieu fait confiance à cet homme, comme le fait Marie qui trouve en Joseph celui qui, non seulement veut lui sauver la vie, mais qui s'occupera toujours d'elle et de l'Enfant. En ce sens, Joseph ne peut pas ne pas être le Gardien de l'Église, parce que l'Église est le prolongement du Corps du Christ dans l'histoire, et en même temps dans la maternité de l'Église est esquissée la maternité de Marie.[23] Joseph, en continuant

---

[21] Cf. S. Rituum Congreg., *Quemadmodum Deus* (8 décembre 1870) : *AAS* (1870-71), p. 194.

[22] Conc. Œcum Vat. II, Const. dogm. *Lumen gentium*, n. 58.

[23] *Catéchisme de l'Église Catholique*, nn. 963-970.

de protéger l'Église, continue de protéger *l'Enfant et sa mère*, et nous aussi en aimant l'Église nous continuons d'aimer *l'Enfant et sa mère*.

Cet Enfant est celui qui dira : « Dans la mesure où vous l'avez fait à l'un de ces plus petits de mes frères, c'est à moi que vous l'avez fait » (*Mt* 25, 40). Ainsi chaque nécessiteux, chaque pauvre, chaque souffrant, chaque moribond, chaque étranger, chaque prisonnier, chaque malade est "l'Enfant" que Joseph continue de défendre. C'est pourquoi saint Joseph est invoqué comme protecteur des miséreux, des nécessiteux, des exilés, des affligés, des pauvres, des moribonds. Et c'est pourquoi l'Église ne peut pas ne pas aimer avant tout les derniers, parce que Jésus a placé en eux une préférence, il s'identifie à eux personnellement. Nous devons apprendre de Joseph le même soin et la même responsabilité : aimer l'Enfant et sa mère ; aimer les Sacrements et la charité ; aimer l'Église et les pauvres. Chacune de ces réalités est toujours *l'Enfant et sa mère*.

6. *Père travailleur*

Le rapport avec le travail est un aspect qui caractérise saint Joseph et qui est mis en évidence depuis la première Encyclique sociale, *Rerum novarum*, de Léon XIII. Saint Joseph était un charpentier qui a travaillé honnêtement pour garantir la subsistance de sa famille. Jésus a appris de lui la valeur, la dignité et la joie de ce que signifie manger le pain, fruit de son travail.

À notre époque où le travail semble représenter de nouveau une urgente question sociale et où le chômage atteint parfois des niveaux impressionnants, y compris dans les nations où pendant des décennies on a vécu un certain bien-être, il est nécessaire de comprendre, avec une conscience renouvelée, la signification du travail qui donne la dignité et dont notre Saint est le patron exemplaire.

Le travail devient participation à l'œuvre même du salut, occasion pour hâter l'avènement du Royaume, développer les potentialités et qualités personnelles en les mettant au service de la société et de la communion. Le travail devient occasion de réalisation, non seulement pour soi-même mais surtout pour ce noyau originel de la société qu'est la famille. Une famille où manque le travail est davantage exposée aux difficultés, aux tensions, aux fractures et même à la tentation désespérée et désespérante de la dissolution. Comment pourrions-nous parler de la dignité humaine sans vouloir garantir, à tous et à chacun, la possibilité d'une digne subsistance ?

La personne qui travaille, quel que soit sa tâche, collabore avec Dieu lui-même et devient un peu créatrice du monde qui nous entoure. La crise de notre époque, qui est une crise économique, sociale, culturelle et spirituelle, peut représenter pour tous un appel à redécouvrir la valeur, l'importance et la nécessité du travail pour donner naissance à une nouvelle "normalité" dont personne n'est exclu. Le travail de saint Joseph nous rappelle que Dieu lui-même fait homme n'a pas dédaigné de travailler. La perte du travail qui frappe de nombreux frères et sœurs, et qui est en augmentation ces derniers temps à cause de la pandémie de la Covid-19, doit être un rappel à revoir nos priorités. Implorons saint Joseph travailleur pour que nous puissions trouver des chemins qui nous engagent à dire : aucun jeune, aucune personne, aucune famille sans travail !

7. *Père dans l'ombre*

L'écrivain polonais Jan Dobraczyński, dans son livre *L'ombre du Père*,[24] a raconté la vie de saint Jo-

---

[24] Edition originale : *Cień Ojca*, Warszawa 1977.

seph sous forme de roman. Avec l'image suggestive de l'ombre il définit la figure de Joseph qui est pour Jésus l'ombre sur la terre du Père Céleste. Il le garde, le protège, ne se détache jamais de lui pour suivre ses pas. Pensons à ce que Moïse rappelle à Israël : « Tu l'as vu aussi au désert : Yahvé ton Dieu te soutenait comme un homme soutient son fils » (*Dt* 1, 31). C'est ainsi que Joseph a exercé la paternité pendant toute sa vie.[25]

On ne naît pas père, on le devient. Et on ne le devient pas seulement parce qu'on met au monde un enfant, mais parce qu'on prend soin de lui de manière responsable. Toutes les fois que quelqu'un assume la responsabilité de la vie d'un autre, dans un certain sens, il exerce une paternité à son égard.

Dans la société de notre temps, les enfants semblent souvent être orphelins de père. Même l'Église d'aujourd'hui a besoin de pères. L'avertissement de saint Paul aux Corinthiens est toujours actuel : « Auriez-vous des milliers de pédagogues dans le Christ, vous n'avez pas plusieurs pères » (*1 Co* 4, 15). Chaque prêtre ou évêque devrait pouvoir dire

[25] Cf. S. JEAN-PAUL II, Exhort. ap. *Redemptoris custos*, nn. 7-8 : *AAS* 82 (1990), pp. 12-16.

comme l'apôtre : « C'est moi qui, par l'Évangile, vous ai engendrés dans le Christ Jésus » (*ibid.*). Et aux Galates il dit : « Mes petits-enfants, vous que j'enfante à nouveau dans la douleur jusqu'à ce que le Christ soit formé en vous » (4, 19).

Etre père signifie introduire l'enfant à l'expérience de la vie, à la réalité. Ne pas le retenir, ne pas l'emprisonner, ne pas le posséder, mais le rendre capable de choix, de liberté, de départs. C'est peut-être pourquoi, à côté du nom de père, la tradition a qualifié Joseph de "très chaste". Ce n'est pas une indication simplement affective, mais c'est la synthèse d'une attitude qui exprime le contraire de la possession. La chasteté est le fait de se libérer de la possession dans tous les domaines de la vie. C'est seulement quand un amour est chaste qu'il est vraiment amour. L'amour qui veut posséder devient toujours à la fin dangereux, il emprisonne, étouffe, rend malheureux. Dieu lui-même a aimé l'homme d'un amour chaste, en le laissant libre même de se tromper et de se retourner contre lui. La logique de l'amour est toujours une logique de liberté, et Joseph a su aimer de manière extraordinairement libre. Il ne s'est jamais mis au centre. Il a su se décentrer, mettre au centre de sa vie Marie et Jésus.

Le bonheur de Joseph n'est pas dans la logique du sacrifice de soi, mais du don de soi. On ne perçoit jamais en cet homme de la frustration, mais seulement de la confiance. Son silence persistant ne contient pas de plaintes mais toujours des gestes concrets de confiance. Le monde a besoin de pères, il refuse les chefs, il refuse celui qui veut utiliser la possession de l'autre pour remplir son propre vide ; il refuse ceux qui confondent autorité avec autoritarisme, service avec servilité, confrontation avec oppression, charité avec assistanat, force avec destruction. Toute vraie vocation naît du don de soi qui est la maturation du simple sacrifice. Ce type de maturité est demandé même dans le sacerdoce et dans la vie consacrée. Là où une vocation matrimoniale, célibataire ou virginale n'arrive pas à la maturation du don de soi en s'arrêtant seulement à la logique du sacrifice, alors, au lieu de se faire signe de la beauté et de la joie de l'amour elle risque d'exprimer malheur, tristesse et frustration.

La paternité qui renonce à la tentation de vivre la vie des enfants ouvre toujours tout grand des espaces à l'inédit. Chaque enfant porte toujours avec soi un mystère, un inédit qui peut être révélé seulement avec l'aide d'un père qui respecte sa liberté. Un père qui est conscient de compléter son action éducative et de vivre pleinement la paternité seulement quand il s'est rendu "inutile", quand il voit que l'enfant est autonome et marche tout seul sur les sentiers de la vie, quand il se met dans la situation de Joseph qui a toujours su que cet Enfant n'était pas le sien mais avait été simplement confié à ses soins. Au fond, c'est ce que laisse entendre Jésus quand il dit : « N'appelez personne votre Père sur la terre : car vous n'en avez qu'un, le Père céleste » (*Mt* 23, 9).

Chaque fois que nous nous trouvons dans la condition d'exercer la paternité, nous devons toujours nous rappeler qu'il ne s'agit jamais d'un exercice de possession, mais d'un "signe" qui renvoie à une paternité plus haute. En un certain sens, nous sommes toujours tous dans la condition de Joseph : une ombre de l'unique Père céleste qui « fait lever son soleil sur les méchants et sur les bons, et tomber la pluie sur les justes et sur les injustes » (*Mt* 5, 45) ; et une ombre qui suit le Fils.

***

« Lève-toi, prends avec toi l'enfant et sa mère » (*Mt* 2, 13), dit Dieu à saint Joseph.

Le but de cette Lettre Apostolique est de faire grandir l'amour envers ce grand saint, pour être poussés à implorer son intercession et pour imiter ses vertus et son élan.

En effet, la mission spécifique des saints est non seulement d'accorder des miracles et des grâces, mais d'intercéder pour nous devant Dieu, comme l'ont fait Abraham[26] et Moïse,[27] comme le fait Jésus, « unique médiateur » (*1 Tm* 2, 5) qui est auprès de Dieu Père notre « avocat » (*1 Jn* 2, 1), « toujours vivant pour intercéder en [notre] faveur » (*He* 7, 25 ; cf. *Rm* 8, 34).

Les saints aident tous les fidèles « à chercher la sainteté et la perfection propres à leur état ».[28] Leur vie est une preuve concrète qu'il est possible de vivre l'Évangile.

Jésus a dit : « Mettez-vous à mon école, car je suis doux et humble de cœur » (*Mt* 11, 29), et eux sont

---

[26] Cf. *Gn* 18, 23-32.
[27] Cf. *Ex* 17, 8-13 ; 32, 30-35.
[28] Conc. Œcum Vat. II, Const. dogm. *Lumen gentium*, n. 42.

à leur tour des exemples de vie à imiter. Saint Paul a explicitement exhorté : « Montrez-vous mes imitateurs » (*1 Co* 4, 16).[29] Saint Joseph le dit à travers son silence éloquent.

Devant l'exemple de tant de saints et de saintes, saint Augustin s'est demandé : « Ce que ceux-ci et celles-ci ont pu faire, tu ne le pourrais pas ? ». Et il a ainsi obtenu la conversion définitive en s'exclamant : « Bien tard, je t'ai aimée, ô Beauté si ancienne et si nouvelle! ».[30]

Il ne reste qu'à implorer de saint Joseph la grâce des grâces : notre conversion.

Nous lui adressons notre prière :

Salut, gardien du Rédempteur,
époux de la Vierge Marie.
À toi Dieu a confié son Fils ;
en toi Marie a remis sa confiance ;
avec toi le Christ est devenu homme.
Ô bienheureux Joseph,
montre-toi aussi un père pour nous,

---

[29] Cf. 1 *Co* 11, 1 ; *Ph* 3, 17 ; 1 *Th* 1, 6.
[30] *Les Confessions*, 8, 11, 27 : PL 32, 761 ; 10, 27, 38 : PL 32, 795.

et conduis-nous sur le chemin de la vie.
Obtiens-nous grâce, miséricorde et courage,
et défends-nous de tout mal. Amen.

Donné à Rome, Saint Jean de Latran, le 8 décembre, Solennité de l'Immaculée Conception de la B.V. Marie, de l'année 2020, la huitième de mon Pontificat.

Francisco

Année saint Joseph

DÉCRET

Le don d'indulgences spéciales est accordé à l'occasion de l'Année saint Joseph, annoncée par le pape François pour célébrer le 150e anniversaire de la proclamation de saint Joseph comme Patron de l'Église Universelle.

Aujourd'hui, c'est le 150e anniversaire du décret *Quemadmodum Deus*, par lequel le bienheureux Pie IX, ému par les circonstances graves et tristes où l'Église avait été insidieusement plongée par l'hostilité des hommes, déclara saint Joseph patron de l'Église Catholique.

Afin de perpétuer la confiance de toute l'Église au très puissant patronage du Gardien de Jésus, le pape François a prescrit qu'à partir d'aujourd'hui, date anniversaire du Décret de Proclamation et Jour consacré à la Sainte Vierge Immaculée et Épouse du très chaste Joseph, jusqu'au 8 décembre 2021, soit célébrée une Année spéciale de saint Joseph, durant laquelle chaque fidèle à son exemple puisse renforcer quotidiennement sa vie de foi dans l'accomplissement total de la volonté de Dieu.

Tous les fidèles auront ainsi la possibilité de s'engager, avec des prières et de bonnes œuvres, pour obtenir avec l'aide de saint Joseph, chef de la Famille céleste de

Nazareth, réconfort et soulagement dans les graves tribulations humaines et sociales qui tenaillent aujourd'hui le monde contemporain.

La dévotion au Gardien du Rédempteur s'est largement développée au cours de l'histoire de l'Église, qui lui offre non seulement l'un des cultes les plus élevés après celui pour la Mère de Dieu son Épouse, mais lui a également conféré de multiples patronages.

Le Magistère de l'Église continue de découvrir les dimensions anciennes et nouvelles dans ce trésor qu'est saint Joseph, comme le maître de maison de l'Évangile de Matthieu « qui tire de son trésor du neuf et de l'ancien » (*Mt* 13, 52).

C'est à la réalisation parfaite de l'objectif choisi que servira grandement le don des Indulgences promulgué par ce décret de la Pénitencerie Apostolique, conformément à la volonté du pape François, de le concéder avec bénignité durant l'Année de saint Joseph.

L'*Indulgence plénière* est accordée dans les conditions habituelles (confession sacramentelle, communion eucharistique et prière selon les intentions du Saint-Père) aux fidèles qui, avec leur âme détachée de tout péché, participeront à l'Année saint Joseph dans les circonstances et modalités indiquées par cette Pénitencerie Apostolique.

a. Saint Joseph, authentique homme de foi, nous invite à redécouvrir la relation filiale avec le Père, à renouveler la fidélité à la prière, à nous mettre à l'écoute et à répondre avec un profond discernement à la volonté de Dieu. L'*In-*

dulgence plénière est accordée à ceux qui méditeront pendant au moins 30 minutes la prière du Notre Père, ou qui participeront à une retraite spirituelle d'au moins une journée qui comprenne une méditation sur saint Joseph.

b. L'Évangile attribue à saint Joseph le titre d'« homme juste » (Cfr. *Mt* 1,19): Lui, gardien du « secret intime qui se trouve au fond du cœur et de l'âme »,[1] dépositaire du mystère de Dieu et de ce fait le patron idéal du for interne, nous incite à redécouvrir la valeur du silence, de la prudence et de la loyauté dans l'exercice de ses fonctions. La vertu de la justice pratiquée de manière exemplaire par Joseph est l'adhésion totale à la loi divine, qui est loi de miséricorde, « parce que c'est précisément la miséricorde de Dieu qui accomplit la vraie justice ».[2] C'est pourquoi ceux qui, à l'instar de saint Joseph, accompliront une œuvre de miséricorde corporelle ou spirituelle, pourront également obtenir le don de l'*Indulgence plénière*.

c. L'aspect principal de la vocation de Joseph fut d'être gardien de la Sainte Famille de Nazareth, époux de la Bienheureuse Vierge Marie et père légal de Jésus. Afin que toutes les familles chrétiennes soient stimulées à recréer le même climat de communion intime, d'amour et de prière qui se vivait dans la Sainte Famille, l'*Indulgence*

---

[1] Pie XI, *Discours à l'occasion de la proclamation de l'héroïcité des vertus de la Servante de Dieu Emilie de Vialar*, en "L'Osservatore Romano", année LXXV, n. 67, 20-21 mars 1935, 1.

[2] François, *Audience générale* (3 février 2016).

plénière est accordée pour la récitation du Saint Rosaire dans les familles et entre les fiancés.

d. Le serviteur de Dieu Pie XII, le 1er mai 1955, instituait la fête de saint Joseph Artisan, « avec l'intention que chacun reconnaisse la dignité du travail, et que cela inspire la vie sociale et les lois, fondées sur la répartition équitable des droits et des devoirs ».[3] Il sera donc possible d'obtenir l'*Indulgence plénière* à quiconque confiera quotidiennement son activité à la protection de saint Joseph et à chaque fidèle qui invoquera avec des prières l'intercession de l'Artisan de Nazareth, afin que celui qui est à la recherche d'un travail puisse trouver un emploi et que le travail de tous soit plus digne.

e. La fuite de la Sainte Famille en Égypte « nous montre que Dieu est là où l'homme est en danger, où l'homme souffre, où il s'enfuit, où il éprouve le rejet et l'abandon ».[4] L'*Indulgence plénière* est accordée aux fidèles qui récitent les Litanies à Saint-Joseph (pour la tradition latine), ou l'Akathistos à Saint-Joseph, en entier ou au moins en certaines de ses parties (pour la tradition byzantine), ou tout autre prière à saint Joseph, propre aux autres traditions liturgiques, en faveur de l'Église persé-

---

[3] PIE XII, *Discours à l'occasion de la Solennité de saint Joseph artisan* (1er mai 1955), en *Discorsi e Radiomessaggi di Sua Santità Pio XII*, XVII, 71-76.

[4] FRANÇOIS, *Angélus* (29 décembre 2013).

cutée *ad intra* e *ad extra* et pour le soulagement de tous les chrétiens qui subissent toutes formes de persécution.

Sainte Thérèse d'Avila reconnut en saint Joseph le protecteur pour toutes les circonstances de la vie : « Aux autres saints, il semble que Dieu ait concédé de nous aider dans tel ou tel besoin, alors que j'ai expérimenté que le glorieux saint Joseph étend son patronage à tout ».[5] Plus récemment, saint Jean-Paul II a réaffirmé que la figure de saint Joseph acquiert « une actualité renouvelée pour l'Église de notre temps, par rapport au nouveau millénaire chrétien ».[6]

Afin de réaffirmer l'universalité du patronage de saint Joseph sur l'Église, en plus des occasions susmentionnées, la Pénitencerie Apostolique accorde l'*Indulgence plénière* aux fidèles qui réciteront toute prière légitimement approuvée ou acte de piété en l'honneur de saint Joseph, par exemple «À toi, ô Bienheureux Joseph», en particulier les commémorations du 19 mars et du 1er mai, en la Fête de la Sainte Famille de Jésus, Marie et Joseph, le dimanche saint Joseph (selon la tradition byzantine), le 19 de chaque mois et tous les mercredis, une journée dédiée à la mémoire du Saint selon la tradition latine.

---

[5] TERESA D'ÁVILA, *Vita*, VI, 6 (trad. it. in Ead., *Tutte le opere*, a cura di M. Bettetini, Milano 2018, 67).

[6] JEAN-PAUL II, Exhortation apostolique *Redemptoris custos* sur la figure et la mission de saint Joseph dans la vie du Christ et de l'Église (15 août 1989), 32.

Dans le contexte actuel d'urgence sanitaire, le don de l'*Indulgence plénière* est particulièrement étendu aux personnes âgées, aux malades, aux personnes agonisantes et à tous ceux qui, pour des raisons légitimes, ne peuvent pas sortir de leur maison, lesquels, avec l'âme détachée de tout péché et avec l'intention d'accomplir, dès que possible, les trois conditions habituelles, dans leur propre maison ou là où l'obstacle les retient, réciteront un acte de piété en l'honneur de saint Joseph, réconfort des malades et patron de la bonne mort, offrant avec confiance à Dieu les douleurs et les désagréments de leur vie.

Afin que l'obtention de la grâce divine à travers le pouvoir des Clefs soit pastoralement facilitée, cette Pénitencerie recommande vivement à tous les prêtres avec les facultés appropriées de s'offrir d'une âme disponible et généreuse à la célébration du sacrement de Pénitence et qu'ils administrent souvent la Sainte Communion aux malades.

Le présent Décret est valable durant l'Année saint Joseph. Nonobstant toute disposition contraire.

Donné à Rome, au siège de la Pénitencerie Apostolique, le 8 décembre 2020.

Mauro Card. Piacenza
Pénitencier majeur

Krzysztof Nykiel
Régent

L. + S.
Prot. No 866/20/I

Saint Joseph et les papes

Si les textes bibliques relatifs à Joseph, l'époux de Marie et père légal de Jésus, sont plutôt rares, à première vue presque lacunaires, la littérature apocryphe est plutôt abondante sur le personnage : au sein de laquelle il faut signaler en particulier le Protévangile de Jacques. Évidemment en raison précisément de la rareté des nouvelles dans les livres canoniques.

Dans le magistère pontifical jusqu'à la fin de 1800, il n'y a que quelques déclarations sur saint Joseph, en particulier en ce qui concerne le culte liturgique et la place de la fête du Saint dans le calendrier des célébrations. C'est le cas du pape Sixte IV qui, en 1479, inséra la fête du Saint dans le bréviaire et le missel romain le 19 mars. Et puis de Grégoire XV qui, en 1621, établit que la fête de saint Joseph devait être comptée parmi celles prescrites. Ce n'est qu'à partir de Pie IX que les références au Saint deviennent plus significatives, et seront plus expressives pour presque tous les pontifes ultérieurs, jusqu'à François, qui a commencé son ministère pétrinien précisément le jour de la solennité liturgique dédiée à saint Joseph.

Pie IX (1846-1878)

Dès le début de son pontificat, il avait fixé la fête et la liturgie pour le patronage de saint Joseph le troisième dimanche après Pâques ; puis il amplifie considérablement la dévotion au Saint avec quelques documents. En particulier, il prononça sur saint Joseph six actes magistériels, dont certainement le plus mentionné fut le décret *Quemadmodum Deus*,[1] daté du 8 décembre 1870, de la Sacrée Congrégation des Rites, par lequel il proclama l'époux de Marie Patron de l'Église Catholique.[2]

---

[1] *ASS* 6 (1870-1871), 193-184.

[2] Les cinq autres documents furent : le décret de la Sacrée Congrégation des Rites *Inclytus Patriarcha Joseph* (10 septembre 1847), qui étendait à toute l'Église la fête du patronage de saint Joseph; la Lettre apostolique *Iam Alias* (5 juillet 1861), qui accordait l'indulgence plénière aux dévots du culte perpétuel du Saint; le décret *Cum In* (27 avril 1865), qui accordait d'autres indulgences pour le culte du Saint et pour la pratique du mois de mars; le décret *Inclytum Patriarcam* (7 juillet 1871), qui reconnaissait saint Joseph comme un culte supérieur à celui des autres saints; enfin, le décret *Iam Alias* (4 février 1877) de la Sacrée Congrégation des indulgences et des Reliques Sacrées, qui approuva et enrichit d'indulgences la prière aux gardiens au Saint *Virginum custos*. Cf. G. A. Mattanza, *San Giuseppe, capo della Santa Famiglia, nel magistero pontificio da Pio IX ai nostri giorni. L'importanza di San Giuseppe per la figura del padre di famiglia*, Biblioteca Teologica 15, Eupress FTL – Ed. Cantagalli, Lugano – Siena 2019, 142-180. L'étude de Don Giuseppe Attilio Mattanza, nous a été très utile dans cet excursus et nous renvoyons à elle pour plus d'informations approfondies.

Un document très court, qui représente la première étape importante du Magistère pontifical sur saint Joseph. Il fut publié au lendemain d'un moment important et tragique de l'histoire de l'Église et de l'Italie : la prise de Rome, la suspension du Concile Vatican I et la fin du pouvoir temporel de la papauté. D'où la décision même du Pontife de confier l'Église Universelle à la protection du Père putatif du Seigneur :

> Maintenant, puisqu'en ces temps très tristes, l'Église elle-même, de tous côtés, attaquée par des ennemis, est tellement opprimée des maux les plus graves, [...] le Très Saint Seigneur Notre Pape Pie IX, consterné par la très récente et triste condition des choses, afin de se confier lui-même et tous les fidèles au patronage très puissant du Saint Patriarche Joseph, [...] l'a déclaré Patron de l'Église Catholique.[3]

Avec la Lettre apostolique *Patris corde*, le pape François, au tournant des 150 ans de la déclaration de Pie IX, veut "partager avec vous quelques réflexions personnelles sur cette figure extraordinaire, si proche de la condition humaine de chacun de nous".[4]

Léon XIII (1878-1903)

A peine élu pape, dans son homélie aux cardinaux du conclave, il plaça son pontificat sous la "très puissante"

---

[3] *ASS* 6 (1870), 193.
[4] François, Lettre apostolique *Patris corde* (8 décembre 2020).

protection de saint Joseph. Et durant son pontificat, il écrivit seize articles sur le Saint.[5] Parmi ceux-ci, unique dans sa typologie parmi les textes consacrés par les pontifes à l'époux de Marie, l'encyclique *Quamquam Pluries* (15 août 1889), le pape Pecci présenta toute la doctrine sur saint Joseph et l'invoqua comme un puissant protecteur contre les adversités du temps présent. L'encyclique se terminait par la célèbre prière *A toi, ô Bienheureux Joseph*, à réciter à la fin de la prière du Rosaire durant le mois d'octobre. « Cette pratique – lit-on dans l'encyclique – doit être observée chaque année, à perpétuité. À ceux qui réciteront pieusement la prière à laquelle nous avons fait référence, nous accordons à chaque fois l'indulgence de sept ans et de sept quarantaines ». Dans cette prière, l'on demande le patronage du Saint sur l'Église, image de cette épouse, Marie, à laquelle il fut uni par le lien sacré. La raison pour laquelle il est patron et protecteur de l'Église Catholique, vient du fait que, comme Marie, mère du Seigneur, est la mère spirituelle de tous les chrétiens, ainsi saint Joseph prend soin de tous les croyants en Christ parce qu'ils lui sont confiés selon les paroles de la prière : *"Protège, ô prévoyant gardien de la divine Famille, la race élue de Jésus-Christ"*.

Le Pape a fortement promu également la pratique du "mois de mars" en l'honneur du Saint. L'encyclique

---

[5] Cfr. MATTANZA, *San Giuseppe, capo della Santa Famiglia, nel magistero pontificio da Pio IX ai nostri giorni*. Cit., 191-231.

reste encore aujourd'hui le document le plus important et, après la *Redemptoris Custos*[6] (15 août 1989) de Jean-Paul II, également le plus amplement publié en l'honneur du Père putatif de Jésus.

Pie X (1903-1914)

Bien qu'il porte le nom de Joseph, Pie X ne se distingue pas par la publication de documents d'une importance particulière sur saint Joseph, d'un autre côte avec son magistère, il nourrit la dévotion à saint Joseph. En particulier, par le décret *Inclytum Patriarcham*[7] (18 mars 1909), de la Sacrée Congrégation pour les Rites, il approuva les litanies en l'honneur du Saint, autorisant à les inclure dans les livres liturgiques les enrichissant d'indulgences.[8] Avant cela, les litanies connues de saint Joseph étaient surtout celles du carme Girolamo Graziano de la Mère de Dieu, qui les composa en 1597. Plusieurs autres ont suivi. À Pie X la tâche de faire une synthèse afin de réorganiser la liste des titres avec lesquels invoquer saint

[6] *AAS* 82 (1990), 5-34.

[7] *AAS* 1 (1909), 290.

[8] Une autre déclaration à retenir est celle du 24 juillet 1911, avec le décret *De Diebus Festis* Pie X établit que la fête du 19 Mars, tombant en Carême, soit célébrée sans octave, tandis que le troisième dimanche après Pâques la fête du patronage soit solennisée avec octave.

Joseph dans le culte public et privé. Le tout dans la continuité de ses prédécesseurs Pie IX et Léon XIII.

Benoît XV (1914-1922)

Sur saint Joseph, il a parlé dans au moins sept documents, avec des interventions liées aux aspects liturgiques et dévotionnels. Le plus important fut le motu proprio *Bonum sane*[9] (25 juillet 1920), pour le 50e anniversaire de la proclamation de saint Joseph comme patron de l'Église Universelle, avec lequel le Pontife exaltait son intercession puissante et efficace contre les maux et les problèmes de l'après-guerre et l'indiquait comme modèle de vertu à suivre. Bien que le document soit en continuité avec le magistère de ses prédécesseurs, il contient une nouveauté qui mérite d'être soulignée : le Pape approfondit encore la théologie « Joséphine » de l'Église au point d'indiquer – c'est la première fois explicitement – le Père putatif de Jésus comme un moyen privilégié d'arriver au Christ, en passant par la médiation de Marie :

> Par Joseph, nous allons directement à Marie, et, par Marie, à l'origine de toute sainteté, Jésus, qui a consacré les vertus domestiques avec son obéissance à Joseph et Marie. Nous voulons donc que les familles chrétiennes s'inspirent totalement de ces merveilleux exemples de vertu et s'y conforment. De cette façon, puisque la fa-

[9] *AAS* 12 (1920), 313-317.

48

mille est le point d'appui et la base du groupe humain, renforçant la société domestique avec le remède de la sainte pureté, de la concorde et de la fidélité, avec cette même nouvelle vigueur et, nous dirons presque, un sang nouveau circulera dans les veines de la société humaine, par la vertu du Christ; et il s'ensuivra non seulement une amélioration des coutumes privées, mais aussi de la discipline de la vie communautaire et civile.[10]

Pie XI (1922-1939)

Dans son magistère, nous ne trouvons pas de document spécifique, mais il y a au moins 15 discours, 2 homélies et 3 encycliques dans lesquels puiser son enseignement sur la figure de saint Joseph. Au total, vingt enseignements courts, presque tous à l'occasion de la fête liturgique, le 19 mars.[11] On y perçoit que saint Joseph coopère également au mystère de l'Incarnation et de la rédemption de l'humanité, bien qu'à un titre différent de Marie.

Saint Joseph eut la prérogative unique et la responsabilité incomparable d'être appelé par la Divine Providence à garder un double trésor : un trésor de divinité

---

[10] BENOIT XV, Motu proprio *Bonum sane*, la dévotion à saint Joseph, depuis un demi-siècle patron de l'Église Catholique (25 juillet 1920) : *AAS* 12 (1920), 316.

[11] Renvoi au livre de MATTANZA, *San Giuseppe, capo della Santa Famiglia, nel magistero pontificio da Pio IX ai nostri giorni*. Cit., 307-347.

en la personne de Jésus-Christ, un trésor de pureté dans la virginité de Marie Très Sainte, un trésor, un secret divin, jusque-là inconnu des autres, le secret de l'Incarnation du Verbe, de la vie, de la passion, de la mort du Rédempteur. Devant cette grandeur de la charge et de la responsabilité, saint Joseph béni répondit dans son humilité, dans sa minutie, dans son silence, passant parmi les hommes et correspondant à ce que le Seigneur lui demandait, d'une manière vraiment merveilleuse et incomparable.[12]

Pie XII (1939-1958)

Pie XII n'a pas lui, non plus, consacré un document particulier a saint Joseph. Il est toutefois possible de retracer son magistère étendu dans les nombreux discours aux époux, sur le mariage, sur la famille et sur l'éducation des enfants. Parmi ceux-ci les plus significatifs sont le discours du 29 juin 1948 aux Associations Chrétiennes des Travailleurs Italiens dans lequel il indiqua saint Joseph comme le Patron des travailleurs :

C'était en mars 1945, lorsque nous accueillions les représentants de la naissante « ACLI » : un jour de grande, mais aussi, presque, uniquement d'espérance. Votre

---

[12] PIE XI, *Discours* aux hommes Catholiques de Rome, 19 mars 1929, en D. BERTETTO (ed.), *Discorsi di Pio XI*, vol. 2, Libreria Editrice Vaticana, Cité du Vatican 1985, 41-42.

Association faisait ses premiers pas avec franchise et confiance ; mais le chemin était long et le but lointain. Aujourd'hui, en contemplant votre grande armée, nous devons reconnaître que la Bénédiction du Seigneur, que nous invoquions sur votre œuvre, était puissante et que le Patron céleste, qu'à l'époque nous vous avions donné, saint Joseph, l'homme fidèle et juste, le travailleur par excellence, vous a prodigieusement protégé. [13]

Et le discours prononcé le 1er mai 1955, pour la dixième année de l'ACLI, avec lequel il institua la fête liturgique de saint Joseph Travailleur :

Dès le début, Nous plaçâmes vos Associations sous le puissant patronage de saint Joseph. En effet, il ne pourrait y avoir de meilleur protecteur pour vous aider à faire entrer l'esprit de l'Evangile dans votre vie. Comme nous l'avons dit à l'époque (cf. *Discours et radio-messages,* vol. VII, p. 10), du Cœur de l'Homme-Dieu, Sauveur du monde, cet esprit afflue en vous et en tous les hommes ; mais il est certain qu'aucun ouvrier n'en fut jamais aussi parfaitement et profondément pénétré que le Père putatif de Jésus, qui vécut avec Lui dans la plus stricte intimité et la plus proche communauté de famille et de travail. Ainsi, si vous voulez être proches

[13] PIE XII, *Discours* aux nombreux pèlerins appartenant aux ACLI (29 juin 1948) : *Atti e Discorsi di Pio XII*, X (1948), Pia Società San Paolo, Roma 1949, 164.

du Christ, nous vous le répétons à nouveau aujourd'hui
« *Ite ad Ioseph* » : Allez à Joseph ! (*Gn* 41, 55). [...] Nous
désirons vous annoncer Notre détermination à établir
– comme nous l'instituons de facto – la fête liturgique
de saint Joseph Artisan, en lui attribuant précisément le
jour du 1er mai. Appréciez-vous, travailleurs et travail-
leuses bien-aimés, Notre don ? Nous sommes sûrs que
oui, parce que l'humble artisan de Nazareth incarne
non seulement auprès de Dieu et la Sainte Église la
dignité du travailleur, mais est aussi toujours un gardien
prévoyant pour vous et vos familles.[14]

Jean XXIII (1958-1963)

Il était très dévot au Saint dont il s'honorait de porter
le nom. Bien qu'il ait dirigé l'Église pendant un peu moins
de cinq ans, son magistère enregistre un grand nombre
d'interventions sur saint Joseph. Quatre-vingts déclarations, si nombreuses qu'elles peuvent elles seules consti-
tuer un traité de théologie sur le Saint.[15] Le magistère du
bon Pape sur saint Joseph est cependant caractérisé avant
tout par deux interventions importantes : l'introduction
de son nom dans le canon de la Messe et la proclamation

---

[14] Pie XII, *Discours* à l'occasion de la solennité de saint Joseph
artisan (1° mai 1955) : *AAS* 47 (1955), 402 ; 406.

[15] Cfr Mattanza, *San Giuseppe, capo della Santa Famiglia, nel magistero pontificio da Pio IX ai nostri giorni*. Cit., 393-436.

de saint Joseph comme patron du Concile Œcuménique Vatican II :

Tout le monde s'intéresse au Concile, ecclésiastiques et laïcs, grands et petits de partout dans le monde, de toutes les classes, de tous les peuples, de toutes les couleurs: et si un protecteur céleste est indiqué pour impétrer d'en haut, dans sa préparation et dans son déroulement, cette *virtus divina* – force divine, par laquelle ce Concile semble destiné à marquer une époque dans l'histoire de l'Église contemporaine, auquel des habitants célestes peut-il être mieux confié qu'à saint Joseph, auguste chef de la Famille de Nazareth, et protecteur de la Sainte Église. [...] O saint Joseph ! voici ta place de *Protector Universalis Ecclesiae* – Protecteur Universel de l'Église. Nous voulions T'offrir à travers les voix et les documents de Nos prédécesseurs immédiats du siècle dernier – de Pie IX à Pie XII – une couronne d'honneur, en écho aux témoignages de vénération affectueuse, qui s'élèvent désormais de toutes les nations catholiques et de toutes les régions missionnaires. Sois toujours notre protecteur. Que ton esprit intérieur de paix, de silence, de bon travail et de prière, au service de la Sainte Église, nous vivifie toujours et nous réjouisse en union avec Ton Épouse bénie, notre Mère très douce et Immaculée, dans l'amour très fort et doux de Jésus, le roi glorieux et immortel des siècles et des peuples. Qu'il en soit ainsi.[16]

Paul VI (1963-1978)

Le magistère de Giovanni Battista Montini sur saint-Joseph se caractérise également par de nombreuses interventions[17], notamment dans les différents discours, dans lesquels, en plus de mettre l'accent sur les qualités du Saint, il mettait également en valeur sa mission dans l'Église. L'importance et la grandeur du Saint pour Paul VI sont mis en évidence principalement dans le mystère de l'Incarnation du Christ, où il exerce sa mission providentielle dans le plan de la Rédemption :

> Nous célébrons la fête de saint Joseph, patron de l'Église Universelle. C'est une fête, qui interrompt la méditation austère et passionnée du Carême, toute absorbée dans la pénétration du mystère de la Rédemption et dans l'application de la discipline spirituelle, que la célébration d'un tel mystère porte avec elle. C'est une fête qui attire notre attention sur un autre mystère du Seigneur, l'Incarnation, et nous invite à la repen-

[16] GIOVANNI XXIII, Lettre apostolique *Le voci* sur la protection de saint Joseph pour le Concile Œcuménique Vatican II (19 mars 1961) : *AAS* 53 (1961), 210-211.

[17] Cfr MATTANZA, *San Giuseppe, capo della Santa Famiglia, nel magistero pontificio da Pio IX ai nostri giorni*. Cit., 437-484.

ser dans la scène pauvre, douce, très humaine, la scène évangélique de la Sainte Famille de Nazareth, dans laquelle cet autre mystère s'est historiquement accompli. La Madone Très Sainte nous apparaît dans le tableau évangélique très humble ; à côté d'elle se trouve Saint Joseph, entre eux Jésus. Notre œil, notre dévotion s'arrêtent aujourd'hui sur saint Joseph, le Forgeron silencieux et laborieux, qui a donné à Jésus non pas ses origines, mais l'état civil, la catégorie sociale, la condition économique, l'expérience professionnelle, l'environnement familial, l'éducation humaine. Il faudra bien observer cette relation entre saint Joseph et Jésus, car elle peut nous faire comprendre beaucoup de choses du plan de Dieu, qui vient dans ce monde pour vivre en tant qu'homme parmi les hommes, mais en même temps leur maître et sauveur.[18]

Pour Paul VI, la figure de saint Joseph est aussi profondément enracinée dans la vertu de l'humilité, et cette vertu doit être imitée dans tous les domaines de la vie chrétienne, dans l'Église comme dans la famille, jusqu'aux chrétiens individuels de toute catégorie sociale :

Saint Joseph se présente sous la forme la plus inattendue. Nous aurions pu supposer en lui un homme

[18] PAUL VI, *Homélie* de la sainte messe pour la festivité de saint Joseph, à l'occasion du pèlerinage de la Fiat (19 mars 1964) : *Insegnamenti di Paolo VI*, II (1964), 186.

puissant, en train d'ouvrir la voie à l'entrée du Christ dans le monde ; ou peut-être un prophète, un homme sage, un homme d'activité sacerdotale pour accueillir le Fils de Dieu qui est entré dans le genre humain et notre conversation. Au lieu de cela, il s'agit du plus commun, modeste, humble qu'on puisse imaginer. [...] Pourrions-nous donc ignorer cette figure, ne pas nous arrêter devant elle ? Non, pas du tout : puisque nous ne comprendrions pas, dans ce cas, la doctrine enseignée par le Divin Maître : la Bonne Nouvelle à partir de sa première forme caractéristique, qui est d'être annoncée aux pauvres, aux humbles, à ceux qui ont besoin d'être réconfortés et rachetés. C'est pourquoi l'Évangile des Béatitudes commence par cet introducteur, appelé Joseph. [...] Approchons-nous nous aussi, avec dévotion filiale, comme des gens de la maison, à la porte de l'humble atelier de Nazareth et que chacun prie Joseph : donne-moi un coup de main, un soutien ; protège-moi aussi. Il n'y a pas de vie qui ne soit assaillie par de nombreux dangers, tentations, faiblesses, lacunes. Joseph, silencieux et bon, fidèle, doux, fort, invincible nous enseigne comment nous devons faire ; et certainement il nous offre lui son assistance avec une bonté exquise.[19]

[19] PAUL VI, *Homélie* de la sainte messe pour la festivité de saint Joseph (19 mars 1968) : *Insegnamenti di Paolo VI*, VI (1968), 1154.

Mais c'est surtout la participation au mystère de la Rédemption, que Paul VI pose à la base de la dévotion à saint Joseph :

C'est le secret de la grandeur de saint Joseph, qui s'accorde bien avec son humilité : avoir fait de sa vie un service, un sacrifice, au mystère de l'Incarnation et à la mission rédemptrice qui y est liée ; l'application de l'autorité légale, qui était sa responsabilité envers la Sainte Famille, pour lui faire le don total de lui-même, de sa vie, de son travail; ayant converti sa vocation humaine à l'amour domestique en oblation surhumaine de lui-même, de son cœur et de toutes ses capacités, dans l'amour mis au service du Messie né dans sa maison, son fils nominal et fils de David, mais en réalité fils de Marie et fils de Dieu.[20]

Jean-Paul II (1978-2005)

C'est le Pontife qui, à ce jour, a produit le magistère le plus riche et le plus étendu sur saint Joseph. Selon les circonstances, il a traité plus ou moins abondamment du Père putatif de Jésus, lui consacrant parfois des documents spécifiques entiers ou des parties, à d'autres moments même simplement en le citant indirectement.

---

[20] PAOLO VI, *Homélie* de la sainte messe pour la festivité de saint Joseph, à l'occasion de la consécration épiscopale de quatre évêques de la Curie (19 mars 1966) : *Insegnamenti di Paolo VI*, IV (1966), 111.

Giuseppe Mattanza[21] a ainsi passé en revue ses interventions magistérielles : 340 discours, 196 homélies, 105 *Angelus* ou *Regina caeli*, 33 salutations, 33 messages, 32 lettres apostoliques, 20 décrets, 16 lettres, 11 constitutions apostoliques, 8 exhortations apostoliques, 5 encycliques, 3 allocutions, 3 prières, 2 actes de consécration, 2 lettres décrétales, 1 directoire pour la piété populaire et la liturgie, 1 radio message, 1 méditation , 1 préface, 1 remerciement, 1 télégramme, pour un total de 815 interventions. Une telle masse de documents n'est pas seulement le résultat du long pontificat qui a duré vingt-sept ans, mais aussi de la profonde dévotion personnelle que Jean-Paul II nourrissait envers saint Joseph depuis sa jeunesse.

Dans son autobiographie *Lèvez-vous ! Allons*, le Pape polonais raconte que pour lui:

> le culte de saint Joseph remonte à l'expérience vécue à Cracovie. Dans la rue Poselska, près du palais de l'archevêque, il y a des religieuses bernardines. Dans leur église, dédiée précisément à saint Joseph, elles ont l'exposition perpétuelle du très Saint Sacrement. Dans les moments libres, je m'y rendais pour prier et souvent mon regard allait vers la belle image du Père putatif de Jésus, très vénérée dans cette église, où j'ai une fois guidé les exercices spirituels pour les juristes. J'ai toujours aimé penser à saint Joseph dans le contexte de la

---

[21] Cfr Mattanza, *San Giuseppe, capo della Santa Famiglia, nel magistero pontificio da Pio IX ai nostri giorni.* Cit., 498-499.

Sainte Famille : Jésus, Marie, Joseph. J'ai invoqué l'aide des trois, ensemble pour divers problèmes. Je comprends bien l'unité et l'amour qui se vivaient dans la Sainte Famille : trois cœurs, un amour. D'une manière particulière, je confiais à saint Joseph la pastorale de la famille. À Cracovie, il y avait une autre église dédiée à saint Joseph, à Podgórze. Je la fréquentais durant les visites pastorales.[22]

Et comment ne pas se souvenir du geste que Jean-Paul II fit en donnant son anneau papal au tableau de saint Joseph conservé au couvent carmélite de Wadowice, son ville natale. C'était à l'occasion du vingt-cinquième anniversaire de son pontificat, le 16 octobre 2003.

Dans le vaste magistère sur saint Joseph de Wojtyła, la place centrale est occupée par l'Exhortation apostolique *Redemtporis Custos* du 15 août 1989. Elle fut publiée à l'occasion du centenaire de l'encyclique *Quamquam Pluries* de Léon XIII, et pour compléter la trilogie inaugurée avec l'encyclique *Redemptor hominis* (1979), sur la figure de Jésus-Christ Rédempteur, puis a continué avec l'encyclique *Redemptoris Mater* (1987), sur Marie Mère du Rédempteur, pour conclure par l'exhortation sur le Gardien du Rédempteur. Cette exhortation est donc pour l'instant le document le plus grand et le plus complet du Magistère pontifical sur saint Joseph, indiqué comme un exemple

---

[22] GIOVANNI PAOLO II, *Alzatevi, andiamo!*, Mondadori, Milano 2004, 106-107.

concret pour chacun, à imiter dans son propre mode de vie :

> Que saint Joseph devienne pour tous un maître singulier dans le service de la mission salvifique du Christ qui nous incombe à tous et à chacun dans l'Église : aux époux, aux parents, à ceux qui vivent du travail de leurs mains ou de tout autre travail, aux personnes appelées à vie contemplative comme à celles qui sont appelées à l'apostolat.
>
> L'homme juste, qui portait en lui tout le patrimoine de l'Ancienne Alliance, a été aussi introduit dans le « commencement » de l'Alliance nouvelle et éternelle en Jésus Christ. Qu'il nous indique les chemins de cette Alliance salvifique au seuil du prochain millénaire ou doit se poursuivre et se développer la « plénitude du temps » propre au mystère ineffable l'Incarnation du Verbe!
>
> Que saint Joseph obtienne à l'Église et au monde, comme à chacun de nous, la bénédiction du Père et du Fils et du Saint-Esprit![23]

Benoît XVI (2005-2013)

Baptisé Joseph, il a rappelé à maintes reprises dans ses enseignements la figure du Saint Patriarche, invitant

---

[23] S. JEAN-PAUL II, Exhort. ap. *Redemptoris Custos* (15 août 1989), 32 : *AAS* 82 (1990), 34.

à plusieurs occasions les croyants à se mettre à l'école de saint Joseph, pour imiter ses vertus, en se confiant à lui dans la prière. Le livre de Mattanza compte 205 interventions du pape émérite sur le Saint dont il porte le nom, divisé comme suit : 80 discours, 42 *Angelus* ou *Regina caeli*, 39 homélies, 12 messages, 11 lettres, 12 décrets, 4 lettres apostoliques, 2 lettres décrétales, 1 exhortation apostolique, 1 constitution apostolique, 1 salut.[24]

Les pages du pape Ratzinger sont non seulement des interventions magistérielles mais aussi de véritables confidences personnelles d'une rare beauté, celles d'un chrétien dévot au Père putatif de Jésus.

Comme quand il indique saint Joseph comme le confident de sa prière :

> Chers amis, dans quelques jours, nous célébrerons la solennité de saint Joseph, Patron des travailleurs. […] Quant à moi, qui porte aussi son nom, je suis aujourd'hui heureux de pouvoir vous l'indiquer non seulement en tant que protecteur et intercesseur céleste pour toute initiative de grand mérite, mais plus encore comme confident de votre prière, de votre engagement ordinaire, certainement riche de satisfactions et de déceptions, de votre recherche quotidienne et, dirais-je, tenace, de la justice de Dieu dans les choses humaines. C'est précisément saint Joseph qui vous aidera à mettre

---

[24] Cfr MATTANZA, *San Giuseppe, capo della Santa Famiglia, nel magistero pontificio da Pio IX ai nostri giorni*. Cit., 546-547.

en pratique l'exhortation exigeante de Jésus : « Cherchez tout d'abord son Royaume et sa justice » (*Mt* 6, 33).[25]

Et puis quand il suggère d'imiter la qualité de son silence, plein de foi, qui guide chacune de ses pensées et chacune de ses actions :

Le silence de saint Joseph ne manifeste pas un vide intérieur, mais au contraire la plénitude de foi qu'il porte dans son cœur, et qui guide chacune de ses pensées et chacune de ses actions. Un silence grâce auquel Joseph, à l'unisson avec Marie, conserve la Parole de Dieu, connue à travers les Écritures Saintes, en la confrontant en permanence avec les événements de la vie de Jésus ; un silence tissé de prière constante, prière de bénédiction du Seigneur, d'adoration de sa sainte volonté et de confiance sans réserve à sa providence. Il n'est pas exagéré de penser que c'est précisément de son « père » Joseph que Jésus a appris – sur le plan humain – la solidité intérieure qui est le présupposé de la justice authentique, la « justice supérieure » qu'Il enseignera un jour à ses disciples (cf. *Mt* 5, 20).

Laissons-nous « contaminer » par le silence de saint Joseph ! Nous en avons tant besoin, dans un monde souvent trop bruyant, qui ne favorise pas le recueille-

---

[25] BENOIT XVI, *Discours aux membres de l'Union chrétienne des chefs d'entreprises* (UCID) (4 mars 2006) : *Insegnamenti di Benedetto XVI*, II, 1 (2006), 286.

ment et l'écoute de la voix de Dieu. En ce temps de préparation à Noël, cultivons le recueillement intérieur, pour accueillir et conserver Jésus dans notre vie.[26]

Enfin, la docilité de saint Joseph à se mettre dans l'obéissance à la Parole de Dieu :

Saint Joseph, mon patron personnel et le patron de la Sainte Église : un humble saint, un humble travailleur, qui a été rendu digne d'être le Gardien du Rédempteur. Saint Matthieu caractérise saint Joseph par un mot : « c'était un juste », « *dikaios* », de « *dike* », et dans la vision de l'Ancien Testament, comme nous la trouvons par exemple dans le Psaume 1, « juste » est l'homme qui est plongé dans la Parole de Dieu, qui vit dans la Parole de Dieu, qui vit la Loi non comme un « joug », mais comme une « joie », qui vit – pourrions-nous dire – la Loi comme un « Évangile ». Saint Joseph était juste, il était plongé dans la Parole de Dieu, écrite, transmise à travers la sagesse de son peuple, et c'est précisément de cette manière qu'il était préparé et appelé à connaître le Verbe incarné – le Verbe venu parmi nous comme un homme –, et prédestiné à garder, à protéger ce Verbe incarné ; cela demeure sa mission pour toujours : protéger la Sainte Église et Notre Seigneur.

---

[26] BENOÎT XVI, *Angélus* (18 décembre 2005) : *Insegnamenti di Benedetto XVI*, I (2005), 787.

Nous nous confions en ce moment à sa protection, nous prions pour qu'il nous aide dans notre humble service. Allons de l'avant avec courage sous cette protection. Nous sommes reconnaissants pour les humbles saints, prions le Seigneur afin qu'il nous rende nous aussi humbles dans notre service et, de cette manière, saints dans la compagnie des saints.[27]

Pape François (2013-)

Le pape Bergoglio est une vie dévouée à saint Joseph. En particulier, il a toujours gardé dans ses lieux de vie et de travail, la statuette de saint Joseph dormant, une icône populaire en Amérique latine. Aujourd'hui encore, dans son bureau à la Casa Santa Marta, le Souverain Pontife a cette image du Saint, et la dévotion de François envers ce qu'elle représente, a bénéficié d'une soudaine popularité mondiale quand, il y a quelques années, le Pape en a parlé lors de la *Rencontre mondiale des familles* de Manille.

J'aime beaucoup saint Joseph parce c'est un homme fort et silencieux. Et sur mon bureau j'ai une image de saint Joseph en train de dormir ; et en dormant il prend soin de l'Église ! Oui, il peut le faire, nous le savons. Et quand j'ai un problème, une difficulté, j'écris un billet et je le mets sous saint Joseph, pour qu'il le rêve. Consi-

---

[27] BENOÎT XVI, *Conclusion des exercices spirituels de la Curie Romaine* (19 mars 2011) : *Insegnamenti di Benedetto XVI*, VII, 1 (2011), 343.

dérons maintenant le deuxième point : '*se lever avec Jésus et Marie*'. Ces précieux moments de repos, de pause de prière avec le Seigneur, sont des moments que nous voudrions peut-être pouvoir prolonger. Mais comme saint Joseph, après avoir écouté la voix de Dieu, nous devons nous sortir de notre sommeil ; nous devons nous lever et agir ; en famille nous devons nous lever et agir (cf. *Rm* 13, 11). La foi ne nous retire pas du monde, mais elle nous y insère davantage.[28]

Remontant plus loin dans les années, la messe du début de son pontificat en 2013 François la célébra précisément le jour où l'Église fait mémoire du Saint, une occasion choisie et voulue par le pape argentin parce que dans l'époux de la Vierge Marie, il a toujours vu la force et la sagesse de Dieu. À cette occasion, dans son homélie, il a expliqué que :

Joseph est « gardien », parce qu'il sait écouter Dieu, il se laisse guider par sa volonté, et pour cela justement il est encore plus sensible aux personnes qui lui sont confiées, il sait lire avec réalisme les événements, il est attentif à ce qui l'entoure, et il sait prendre les décisions les plus sages. En lui, chers amis, nous voyons com-

---

[28] FRANÇOIS, *Discours aux familles*, Mall of Asia Arena, Manille (16 janvier 2015).

ment on répond à la vocation de Dieu, avec disponibilité, avec promptitude.[29]

Parmi les premiers actes de son pontificat, le 1er mai 2013, François, confirmant la volonté de Benoît XVI, décrète l'introduction du nom de saint Joseph, Époux de la Sainte Vierge Marie, dans les Prières Eucharistiques II, III et IV.

Mais c'est depuis la chapelle de la résidence de Sainte Marthe que le Pape prolonge la réflexion sur le Saint à qui il confie toutes ses préoccupations. Dans la messe du 18 décembre 2017, il suggère de s'adresser à l'époux de Marie quand « il y a beaucoup de choses que nous ne comprenons pas, quand nous avons tant de problèmes, d'angoisses, d'obscurité ». Et il propose même une prière à réciter :

> C'est le grand Joseph, dont Dieu avait besoin pour porter le mystère de la réorientation du peuple vers la nouvelle création. Son exemple nous montre tant de choses que nous pouvons prendre en compte dans notre réflexion, mais surtout il nous donne le courage d'aller vers lui quand il y a beaucoup de choses que nous ne comprenons pas, quand nous avons de nombreux problèmes, d'angoisses, d'obscurité, et tout simplement lui dire : "Aide-nous, toi qui sais marcher dans l'obscurité,

---

[29] FRANÇOIS, *Homélie* pour la Messe d'inauguration du pontificat (19 mars 2013).

toi qui sais comment écouter la voix de Dieu, toi qui sais comment avancer en silence".[30]

Et lors d'une autre messe matinale Bergoglio souligne que Joseph est l'homme qui agit même quand il dors parce qu'il rêve ce que Dieu veut :

Aujourd'hui, je voudrais demander, qu'il nous donne à nous tous la capacité de rêver parce que quand nous rêvons de grandes choses, de belles choses, nous nous approchons du rêve de Dieu, les choses que Dieu rêve sur nous. Qu'il donne aux jeunes – parce qu'il était jeune – la capacité de rêver, de risquer et d'assumer les tâches difficiles qu'ils ont vues dans leurs rêves. Et qu'il nous donne à nous tous la fidélité qui grandit généralement dans une attitude juste, il avait raison, grandit en silence – quelques mots – et grandit dans la tendresse qui est capable de protéger ses propres faiblesses et celles des autres.[31]

Au tournant des 150 ans de la déclaration de saint Joseph en tant que *Patron de l'Église Catholique* faite par Pie IX, le 8 décembre 1870, le pape François place encore, une fois, l'Église et toute l'humanité sous la protection du Saint. Aujourd'hui comme alors, la communauté des

---

[30] FRANÇOIS, *Homélie* Méditations matinales en la chapelle de la maison Sainte Marthe (18 décembre 2017).

[31] FRANÇOIS, *Homélie* Méditations matinales en la chapelle de la maison Sainte Marthe (20 mars 2017).

croyants est confrontée à un moment historique grave. Maintenant, l'ennemi est un être invisible qui sème la pandémie, la souffrance et, dans de nombreux cas, même la mort. Le Pontife note, cependant, que beaucoup de gens ordinaires travaillent, en silence et sans ostentation, au service charitable de frères et sœurs en difficulté, sur le modèle de saint Joseph. Et d'expliquer que le désir d'écrire la Lettre apostolique *Patris corde:*

> A mûri au cours de ces mois de pandémie durant lesquels nous pouvons expérimenter, en pleine crise qui nous frappe, que « nos vies sont tissées et soutenues par des personnes ordinaires, souvent oubliées, qui ne font pas la une des journaux et des revues ni n'apparaissent dans les grands défilés du dernier *show* mais qui, sans aucun doute, sont en train d'écrire aujourd'hui les évènements décisifs de notre histoire : médecins, infirmiers et infirmières, employés de supermarchés, agents d'entretien, fournisseurs de soins à domicile, transporteurs, forces de l'ordre, volontaires, prêtres, religieuses et tant d'autres qui ont compris que personne ne se sauve tout seul. […] Que de personnes font preuve chaque jour de patience et insufflent l'espérance, en veillant à ne pas créer la panique mais la co-responsabilité ! Que de pères, de mères, de grands-pères et de grands-mères, que d'enseignants montrent à nos enfants, par des gestes simples et quotidiens, comment affronter et traverser une crise en réadaptant les habitudes, en levant le regard et en stimulant la prière !

Que de personnes prient, offrent et intercèdent pour le bien de tous ».[32] Tous peuvent trouver en saint Joseph l'homme qui passe inaperçu, l'homme de la présence quotidienne, discrète et cachée, un intercesseur, un soutien et un guide dans les moments de difficultés. saint Joseph nous rappelle que tous ceux qui, apparemment, sont cachés ou en «deuxième ligne» jouent un rôle inégalé dans l'histoire du salut. À eux tous, est adressée une parole de reconnaissance et de gratitude.[33]

Le pape François écrit que « le but de cette Lettre apostolique est de faire grandir l'amour envers ce grand Saint, pour être poussés à implorer son intercession et pour imiter ses vertus et son élan ».[34] Et afin de perpétuer la mise sous tutelle de toute l'Église à son Protecteur Universel, le pape a établi que, à partir du 8 décembre 2020, « anniversaire de la proclamation et du jour consacré à la Bienheureuse Vierge Immaculée et Épouse du très chaste Joseph, jusqu'au 8 décembre 2021, une Année spéciale de saint Joseph soit célébrée, durant laquelle chaque fidèle sur son exemple puisse renforcer quotidiennement sa vie de foi dans la pleine réalisation de la volonté de Dieu ».[35]

---

[32] FRANÇOIS, *Méditation en période de pandémie* (27 mars 2020) : *L'Osservatore Romano*, éd. en langue française (31 mars 2020), p. 5.

[33] FRANÇOIS, Lettre apostolique *Patris corde* (8 décembre 2020).

[34] *Ivi.*

[35] PÉNITENCERIE APOSTOLIQUE, *Décret accordant le don d'indulgences spéciales à l'occasion de l'Année de saint Joseph* (8 décembre 2020).

Ainsi, « tous les fidèles auront l'occasion de s'engager, avec des prières et de bonnes œuvres, pour obtenir avec l'aide de saint Joseph, chef de la Famille céleste de Nazareth, le réconfort et le soulagement des graves vicissitudes humaines et sociales qui aujourd'hui tenaillent le monde contemporain ».[36]

Les fidèles, participant à l'Année saint Joseph « avec l'âme détachée de tout péché », pourront obtenir l'*Indulgence plénière* dans les conditions habituelles (confession sacramentelle, communion eucharistique et prière selon les intentions du Saint-Père), à travers diverses modalités que la Pénitencerie énumère dans le Décret accompagnant la Lettre apostolique *Patris corde*.

---

[36] *Ivi.*

Prières à saint Joseph

PRIÈRES DES PAPES

Gardien des vierges

Ô gardien et père des vierges
saint Joseph, gardien fidèle à qui Dieu confia
Jésus l'innocence même, Jésus-Christ,
et Marie la Vierge des vierges, je t'en supplie
et je t'en conjure par Jésus et Marie, par ce double dépôt
qui vous fut si cher, faites que préservé de toute souillure,
pur de cœur et d'esprit, et chaste de corps,
je serve constamment Jésus et Marie
dans une chasteté parfaite.
Ainsi-soit-il.

Bienheureux Pie IX

A toi, ô bienheureux Joseph

Nous recourons à toi dans notre tribulation,
ô bienheureux Joseph :
et, après avoir imploré le secours de ta sainte Épouse,
nous sollicitons aussi avec confiance ton patronage.
Par l'affection qui t'a uni à la Vierge Immaculée,
Mère de Dieu ; par l'amour paternel,
dont tu as entouré l'Enfant-Jésus,
nous te supplions de regarder avec bonté l'héritage
que Jésus-Christ a conquis au prix de son sang,
et de nous assister de ta puissance et de ton secours,
dans nos besoins.
Protège, ô très sage gardien de la divine Famille,
la race élue de Jésus-Christ.
Préserve-nous, ô Père très aimant,
de toute souillure d'erreur et de corruption,
sois-nous favorable, ô notre très puissant libérateur.
Du haut du ciel, assiste-nous dans le combat
que nous livrons à la puissance des ténèbres ;
et de même qu'autrefois tu as arraché l'Enfant-Jésus
au péril de la mort,
défends aujourd'hui la sainte Église de Dieu,
des embûches de l'ennemi et de toute adversité.
Couvre chacun de nous de ta perpétuelle protection,
afin que, à ton exemple, et soutenus par ton secours,

nous puissions vivre saintement, mourir pieusement,
et obtenir la béatitude éternelle au ciel.
Ainsi soit-il.

Léon XIII

Litanies à saint Joseph

Seigneur, prends pitié de nous. *Seigneur, prends pitié de nous.*
Ô Christ, prends pitié de nous. *Ô Christ, prends pitié de nous.*
Seigneur, prends pitié de nous. *Seigneur, prends pitié de nous.*
Ô Christ, écoutez-nous. *Ô Christ, écoutez-nous.*
Ô Christ, exaucez-nous. *Ô Christ, exaucez-nous.*
Père céleste, qui es Dieu. *prends pitié de nous.*
Fils, Rédempteur du monde
    qui es Dieu. *prends pitié de nous.*
Esprit Saint, qui es Dieu. *prends pitié de nous.*
Trinité Sainte, un seul Dieu. *prends pitié de nous.*

Sainte Marie, (R.) *prie pour nous.*
Saint Joseph, R.
Illustre descendant de David, R.
Lumière des Patriarches, R.
Époux de la Mère de Dieu, R.
Chaste gardien de la Vierge, R.
Père nourricier du fils de Dieu, R.
Zélé défenseur de Jésus, R.
Chef de la Sainte Famille, R.
Joseph très juste, R.
Joseph très chaste, R.
Joseph très prudent, R.
Joseph très courageux, R.
Joseph très obéissant, R.

Joseph très fidèle, R.
Miroir de patience, R.
Ami de la pauvreté, R.
Modèle des travailleurs, R.
Gloire de la vie de famille, R.
Gardien des vierges, R.
Soutien des familles, R.
Consolation des malheureux, R.
Espérance des malades, R.
Patron des mourants, R.
Terreur des démons, R.
Protecteur de la Sainte Église, R.

Agneau de Dieu,
    qui enlève le péché du monde.   *pardonne-nous, Seigneur.*
Agneau de Dieu,
    qui enlève le péché du monde.   *exauce-nous, Seigneur.*
Agneau de Dieu,
    qui enlève le péché du monde.   *prends pitié de nous.*

V. Il l'a établi le chef de sa maison.
R. *Et l'intendant de tous ses biens.*

Prions.

Seigneur, ta divine Providence a choisi saint Joseph pour être l'époux de ta sainte Mère. Fais qu'en nous mettant ici-bas sous sa protection, nous méritions de l'avoir pour intercesseur dans le ciel. Toi qui vis et règnes avec le Père et le Saint-Esprit, Dieu pour les siècles des siècles. Amen.

Saint Pie X

Saint Joseph artisan

O glorieux Patriarche saint Joseph,
humble et juste artisan de Nazareth,
qui as donné à tous les chrétiens, mais spécialement à nous,
l'exemple d'une vie parfaite
dans le travail constant et dans l'admirable union
à Marie et à Jésus,
assiste-nous dans notre tâche quotidienne,
afin que, nous aussi,
nous puissions trouver en elle le moyen efficace
de glorifier le Seigneur, de nous sanctifier
et d'être utiles à la société dans laquelle nous vivons,
idéals suprêmes de toutes nos actions.
Obtiens-nous du Seigneur,
ô notre très aimé protecteur,
humilité et simplicité de cœur,
goût du travail et bienveillance
envers ceux qui sont nos compagnons de labeur,
conformité aux divines volontés
dans les peines inévitables de cette vie
et joie dans leur support,
conscience de notre mission sociale particulière,
et sens de notre responsabilité,
esprit de discipline et de prière…
Accompagne- nous dans nos moments de prospérité,
quand tout nous invite à goûter honnêtement
les fruits de nos fatigues ;

mais soutiens-nous dans les heures de tristesse,
alors que le ciel semble se fermer pour nous
et que les instruments du travail
eux-mêmes paraissent se rebeller dans nos mains.
Fais que, à ton exemple,
nous tenions les yeux fixés sur notre Mère Marie,
ta très douce épouse,
qui, dans un coin de votre modeste atelier,
filait silencieusement, laissant couler sur
ses lèvres le plus gracieux sourire ;
et que nous n'éloignions pas notre regard de Jésus,
qui peinait à ton établi de menuisier,
afin que nous puissions ainsi mener sur terre
une vie pacifique et sainte,
prélude de celle éternellement heureuse
qui nous attend dans le ciel,
pour les siècles des siècles.
Amen.

Pie XII

O saint Joseph, choisi par Dieu

O saint Joseph, choisi par Dieu
pour être sur cette terre
gardien de Jésus et époux très chaste de Marie,
tu as passé ta vie
à accomplir parfaitement ton devoir
en entretenant par le travail de tes mains
la Sainte Famille de Nazareth,
daigne nous protéger nous qui,
avec confiance, nous tournons vers Toi.
Tu connais nos aspirations,
nos angoisses, nos espérances ;
nous recourons à toi,
car nous savons trouver en toi compréhension
et protection.
Toi également, tu as connu l'épreuve,
la fatigue, l'épuisement,
mais, ton âme, comblée de la paix la plus profonde,
exulta d'une joie indicible,
à cause de l'intimité avec le Fils de Dieu
confié à tes soins et avec Marie,
sa douce Mère.
Aide-nous à comprendre
que nous ne sommes pas seuls dans notre travail,
à savoir découvrir Jésus à côté de nous,
à l'accueillir avec la grâce,
à le garder avec fidélité comme Tu l'as fait.

Obtiens que dans notre famille,
tout soit sanctifié
dans la charité, dans la patience,
dans la justice, dans la recherche du bien.
Amen.

Saint Jean XXIII

Ô saint Joseph, gardien de Jésus

Ô saint Joseph, gardien de Jésus,
époux très chaste de Marie, qui avez passé votre vie
à accomplir parfaitement votre devoir
en entretenant par le travail de vos mains
la Sainte Famille de Nazareth,
daignez protéger ceux qui, avec confiance,
se tournent vers vous.
Vous connais leurs aspirations, leurs angoisses,
leurs espérances : ils recourent à vous,
car ils savent qu'ils trouveront en vous
quelqu'un qui les comprend et les protège.
Vous aussi, vous avez connu l'épreuve,
la fatigue, l'épuisement :
mais, même au milieu des préoccupations
de la vie matérielle,
votre âme, comblée de la paix la plus profonde,
exultait d'une joie indicible,
à cause de l'intimité avec le Fils de Dieu,
confié à vos soins et avec Marie,
sa douce Mère.
Faites que vos protégés comprennent
eux aussi qu'ils ne sont pas seuls dans leur travail,
qu'ils sachent découvrir Jésus à côté d'eux,
l'accueillir avec la grâce,
le garder fidèlement comme vous l'avez fait vous-même.

Obtenez que, dans chaque famille,
dans chaque atelier, dans chaque chantier,
partout où un chrétien travaille,
tout soit sanctifié dans la charité,
dans la patience, dans la justice,
dans la préoccupation de bien faire,
afin que descendent en abondance,
sur tous, les dons du céleste amour.
Amen

Saint Jean XXIII

Saint Joseph Patron de l'Église

Ô saint Joseph, Patron de l'Église,
Toi qui, près du Verbe incarné,
as travaillé chaque jour pour gagner le pain,
tirant de Lui la force de vivre et de travailler ;
Toi qui as éprouvé l'angoisse des lendemains,
l'amertume de la pauvreté, la précarité du travail,
Toi qui fais briller l'exemple de ta personne,
humble devant les hommes,
mais très grande devant Dieu,
regarde l'immense famille qui t'est confiée.
Bénis l'Église.
Soutiens-la toujours davantage sur la voie
de la fidélité évangélique.
Et maintiens la paix dans le monde,
cette paix qui seule peut garantir
le développement des peuples
et le plein épanouissement des espérances humaines :
pour le bien de l'humanité,
pour la mission de l'Église, pour la gloire de la Très
Sainte Trinité.
Amen.

Saint Paul VI

Saint Joseph, avec toi, par toi,
nous bénissons le Seigneur.
Il t'a choisi entre tous les hommes
pour être le chaste époux de Marie,
celui qui se tient au seuil du mystère
de sa maternité divine,
et qui, après elle,
l'accueille dans la foi
comme l'œuvre du Saint-Esprit.
Tu as donné à Jésus une paternité légale
en lien avec la lignée de David.
Tu as constamment veillé
sur la Mère et l'Enfant
avec une sollicitude affectueuse,
pour assurer leur vie
et leur permettre d'accomplir leur destinée.
Le Sauveur Jésus a daigné se soumettre
à toi comme à un père,
durant son enfance et son adolescence,
et recevoir de toi l'apprentissage
de la vie humaine, pendant que tu partageais
sa vie dans l'adoration de son mystère.
Continue à protéger toute l'Église,
la famille qui est née du salut de Jésus.
Regarde les besoins spirituels et matériels
de ceux qui recourent à ton intercession :

par toi, ils sont sûrs de rejoindre le regard maternel
de Marie et la main de Jésus qui les secourt.
Amen.

Saint Jean-Paul II

O cher saint Joseph

Ô cher saint Joseph,
ami et protecteur de tous,
Gardien de Jésus et de tous ceux
qui invoquent ton aide,
Tu es grand parce que tu obtiens de Dieu
tout ce que les hommes te demandent.
S'il te plaît accueille ma prière:
veille et prends soin de toutes les familles
pour qu'elles vivent l'harmonie, l'unité, la foi, l'amour
qui régnait dans la Famille de Nazareth.
Regarde avec une tendresse particulière
les familles des chômeurs, donne à tous un travail,
afin que par leur œuvre, ils créent un monde meilleur
à la louange de Dieu Créateur.
Je te confie l'Église,
en particulier le pape, les évêques, les prêtres
et tous les missionnaires
afin qu'ils se sentent soutenus par ta paternité.
Qui peut les aimer plus que toi, Ô cher saint Joseph ?
Protège toutes les personnes consacrées
afin qu'elles trouvent dans ton obéissance
et l'adhésion à la volonté de Dieu,
l'exemple pour vivre dans le silence, l'humilité
et l'esprit missionnaire
la vie d'union avec Dieu

qui les rende heureux dans l'accomplissement
de la Volonté divine.
La joie de se sentir uni à Dieu est si grande
qu'elle n'a point d'égal;
en Dieu seulement se trouve tout le bonheur.
Saint Joseph exauce ma prière !
Amen.

Saint Jean-Paul II

Acte de confiance à l'intercession de saint Joseph

Protège, saint Gardien, notre pays.

Éclaire les responsables du bien commun pour qu'ils sachent – comme toi – prendre soin des personnes confiées à leur responsabilité.

Donne l'intelligence de la science à ceux qui recherchent des moyens adéquats pour la santé et le bien physique de nos frères.

Soutiens les personnes qui se prodiguent pour celles qui en ont besoin : les bénévoles, les infirmiers, les médecins, qui sont en première ligne pour soigner les malades, même au prix de leur sécurité.

Bénis l'Église saint Joseph : à partir de ses ministres, fais d'elle le signe et l'instrument de ta lumière et de ta bonté.

Accompagne les familles saint Joseph : par ton silence priant, construis l'harmonie entre les parents et les enfants, en particulier les plus petits.

Préserve les personnes âgées de la solitude : fais que personne ne soit laissé dans le désespoir de l'abandon et du découragement.

Console le plus fragiles, *encourage* ceux qui vacillent, *intercède* pour les pauvres.

Avec la Vierge Marie, *supplie* le Seigneur de libérer le monde de toute forme de pandémie.

Amen.

Pape François

Gardien du Rédempteur

Salut, gardien du Rédempteur,
époux de la Vierge Marie.
À toi Dieu confié son Fils ;
en toi Marie a remis sa confiance ;
avec toi le Christ est devenu homme.
Ô bienheureux Joseph,
montre-toi aussi un père pour nous,
et conduis-nous sur le chemin de la vie.
Obtiens-nous grâce, miséricorde et courage,
et défends-nous de tout mal.
Amen.

Pape François

Patriarche glorieux

Glorieux Patriarche saint Joseph,
dont la puissance sait rendre possibles
les choses impossibles,
viens à mon aide en ces moments
d'angoisse et de difficulté.
Prends sous ta protection
les situations si graves et difficiles que je te recommande,
afin qu'elles aient une heureuse issue.
Mon bien-aimé Père, toute ma confiance est en toi.
Qu'il ne soit pas dit que je t'ai invoqué en vain,
et puisque tu peux tout auprès de Jésus et de Marie,
montre-moi que ta bonté est aussi grande
que ton pouvoir.
Amen

Le pape François la récite tous les matins

Consécration à saint Joseph

Saint Joseph, je me consacre à toi
pour être toujours ton imitateur,
ton aimable fils.
Prends possession de moi,
fais de mon corps et de mon âme
ce que tu ferais
de ton corps et de ton âme,
pour la gloire de Jésus.
Lui aussi s'est confié à toi
si pleinement qu'il se laissa porter
où tu le jugeais opportun,
en t'établissant comme son père
et t'obéissant comme le fils le plus docile.
Sacré-Cœur de Jésus,
merci de nous avoir donné Joseph pour père
et de nous avoir donné tout ce que tu as
et tout ce que tu es.
Fais que je te restitue amour pour amour ;
Je te le demande par l'intercession
et au nom de saint Joseph !

Bienheureux Charles de Foucauld

Glorieux saint Joseph

Glorieux saint Joseph,
dont la puissance s'étend à tous nos besoins
et sait nous rendre possibles
les choses les plus impossibles,
ouvre tes yeux de bon père
sur les intérêts de tes enfants.
Dans l'embarras et la peine qui nous pressent,
nous recourons avec confiance à toi !
Daigne prendre sous ta charitable protection
cette affaire importante et difficile,
cause de nos inquiétudes.
Amen.

Saint François de Sales

Ton nom, ô Joseph, est le réconfort des mortels

Attire-nous à Toi, très aimable Joseph :
nous te suivrons !
Anges du Ciel, Saints et Saintes du Paradis,
vous qui vous réjouissez quand le nom aimable de Joseph
résonne dans la Ville Sainte,
enseignez-nous l'estime que nous devons nourrir
et le respect avec lequel nous devons le prononcer!
Ton nom, ô Joseph, joie du Ciel,
est l'honneur de la Terre, c'est le réconfort des mortels:
rend vigueur à ceux qui sont fatigués, console les affligés,
guérit les malades,
adoucis les cœurs endurcis,
aide dans les tentations,
libère des pièges du diable,
obtiens toutes sortes de biens à ceux qui l'invoquent
et participe de la puissance des saints noms
de Jésus et de Marie.
Qu'un nom si beau soit écrit
en caractères d'étoiles dans les voûtes du firmament,
afin d'être vu et prononcé par le monde entier!
Qu'il soit sculpté par notre amour,
afin que tous les hommes puissent l'aimer et l'honorer !
Qu'il soit dans ma bouche et dans mon cœur!
Amen.

Bienheureux Bartolo Longo

Éloge à saint Joseph

Si la gloire des Saints célestes
est proportionnelle à leurs mérites
et aux grâces reçues sur Terre;
si Jésus-Christ promet une récompense éternelle
à qui donne à un pauvre un verre d'eau
en son nom;
à quel degré de gloire
as-tu été élevé près de Dieu, Toi, ô Joseph,
qui fut de nombreuses grâces enrichi
et de perfection incompréhensible à l'esprit humain?
Quelle récompense ne devrais-tu pas recevoir
de la main très généreuse de Dieu,
Toi qui prit tant soin de Jésus-Christ,
Non pas comme nous, en la personne des pauvres,
mais à sa propre personne
et à celle de sa Divine Mère ?
Quelle ne devrait pas être la grandeur
de ton pouvoir dans le Ciel,
après avoir commandé le Fils de Dieu sur Terre
et tu l'as vu trente ans durant soumis à toi?
Oui, ô mon glorieux Protecteur,
Je l'avoue devant le Ciel et la Terre,
Tu occupes une très haute place près de Jésus et Marie.
Tout le Ciel magnifie ta gloire
et rend hommage aux qualités augustes
qui t'élèvent au-dessus de tous les ordres angéliques.

Permets que de cette vallée de larmes,
nous regardions
vers le trône sublime où tu es assis,
et nous joignions nos voix au concert
des esprits bienheureux
pour exalter tes grandeurs,
honorer tes vertus et implorer
ta puissante protection.
Et Toi confirme dans nos cœurs
la foi, l'espérance, la charité
afin que, après t'avoir aimé
et fidèlement servi dans cette vie,
nous puissions continuer toute l'éternité à te bénir
avec Jésus et avec Marie dans le Ciel.
Amen.

Bienheureux Bartolo Longo

Prosternés à tes pieds

Prosterné à tes pieds, ô grand Saint,
je te vénère comme Père de mon Seigneur
et de mon Dieu,
comme le chef de cette Sainte Famille
qui fait l'objet de satisfaction
et les délices de la Très Sainte Trinité.
Quelle gloire pour toi d'être le Père d'un Fils,
qui est l'unique engendré de Dieu!
Mais quelle chance pour nous
de penser que tu es aussi notre père,
et que nous sommes tes enfants.
Oui, nous sommes tes enfants,
car nous sommes frères de Jésus-Christ,
qui voulut être appelé ton Fils;
et en tant que tels, nous avons droit
à la tendresse de ton Cœur paternel.
Cette tendresse et cette bonté
nous l'implorons en ton Nom à l'adorable Jésus,
si cher et doux à ton Cœur.
Accueille-nous donc !
Prends-nous sous ta protection !
Fais-nous aimer
la sainte pauvreté,
la patience,
la prudence,
la bénignité,

la modestie,
la pureté,
et sois notre refuge et notre abri
dans toutes nos peines,
dans tous nos besoins
dans le temps de nos vies
et à l'heure de notre mort.
Amen.

Bienheureux Bartolo Longo

Ô grand saint Joseph

Ô grand saint Joseph,
qui fut choisi par Dieu pour le mystère le plus sublime
qui put compter sur une pure créature,
Tu es l'ange de la pureté,
le lys élu de la virginité,
de sorte que Dieu lui-même se complut de t'appeler
le Père de son Unique-Engendré,
et transmit à Toi ses droits.
Celui qui créa tous les cœurs des hommes,
mit en toi un Cœur de Père
et en même temps pour toi donna à Jésus
un Cœur du Fils.
Ô très bienheureux Joseph, sois aussi mon Père !
Sois Père pour tous ceux que Jésus aima
au point de se faire leur frère !
Je me prosterne à tes pieds
avec toute l'affection de mon âme,
te suppliant d'agréer l'offrande
que je te fais de mon cœur,
afin que tu le rendes pur
et ainsi le présentes toi-même à Jésus, ton Fils,
à qui je le donne pour toujours et sans réserve.
Prie-le de faire sortir
le péché de ce cœur très misérable,
l'amour pour le plaisir et tout ce qui ne lui plait pas;
pour l'enflammer du feu sacré de son saint amour,

pour l'orner de toutes les vertus
dont son adorable Cœur
nous donna des exemples si admirables
de sorte qu'en en prenant possession dès maintenant,
il puisse y régner pour toujours dans le temps
et l'éternité!
Amen.

Bienheureux Bartolo Longo

Je te salue Joseph

Je te salue, Joseph, image de Dieu le Père ;

Je te salue, Joseph, père de Dieu le Fils ;

Je te salue, Joseph, sanctuaire du Saint Esprit ;

Je te salue, Joseph, bien-aimé de la Sainte Trinité ;

Je te salue, Joseph, très fidèle coadjuteur du grand
   conseil ;

Je te salue, Joseph, très digne époux de la Vierge Mère ;

Je te salue, Joseph, père de tous les fidèles ;

Je te salue, Joseph, gardien de tous ceux qui ont embras-
   sé la sainte virginité ;

Je te salue, Joseph, fidèle observateur du silence sacré ;

Je te salue, Joseph, aimant de la sainte pauvreté ;

Je te salue, Joseph, modèle de douceur et de patience ;

Je te salue, Joseph, miroir d'humilité et d'obéissance ;

Tu es béni entre tous les hommes ;

Et bénis soient tes yeux, qui ont vu ce que tu as vu ;

Et bénies soient tes oreilles, qui ont entendu ce que tu as
   entendu ;

Et bénies soient tes mains, qui ont touché le Verbe fait
   chair ;

Et bénis soient tes bras, qui ont porté celui qui porte
   toutes choses ;

Et bénie soit ta poitrine, sur laquelle le Fils de Dieu a pris
   un doux repos ;

Et béni soit ton cœur embrasé pour lui du plus ardent
    amour.
Et béni soit le Père Eternel qui t'a choisi ;
Et béni soit le Fils, qui t'a aimé ;
Et béni soit le Saint-Esprit, qui t'a sanctifié ;
Et bénie soit Marie, ton épouse, qui t'a chéri comme un
    époux et comme un frère.
Et béni soit l'Ange qui t'a servi de gardien.
Et bénis soient, à jamais, tous ceux qui t'aiment et qui te
    bénissent.
Amen.

Saint Jean Eudes

Souviens-toi de nous

Souviens-toi de nous, bienheureux Joseph, et intercède par le suffrage de ta prière auprès de ton fils putatif ; et rends-nous favorable la très bienheureuse Vierge, ton épouse, qui est la Mère de Celui qui vit et règne avec le Père et le Saint-Esprit dans les siècles des siècles.
Amen.
Saint Bernardin de Sienne

Saint Joseph, époux de Marie Très Sainte, Mère de Jésus et Mère de l'humanité, qui a voulu que notre Italie soit jonchée de ses sanctuaires, et qui l'a toujours regardée avec le même amour de prédilection avec lequel l'a regardée Jésus, qui l'a voulue siège stable de son vicaire sur terre, le pape :

aujourd'hui, nous te consacrons et confions cette Italie bien-aimée et ses familles.

Garde-la, défends-la, protège-la !

que sa foi soit pure;

que ses pasteurs soient saints;

que les vocations y soient nombreuses;

que la vie y soit sacrée et défendue;

que les coutumes y soient saines;

que les familles y soient ordonnées;

que ses écoles soient chrétiennes;

que ses dirigeants soient éclairés;

que règnent partout l'amour, la justice et la paix.

Garde, défends, protège ô prévoyant Gardien de la Famille Divine, nos jeunes, l'espoir d'un monde meilleur, et les personnes âgées, racines de notre foi et maîtres de vie.

Obtiens-nous avec ta puissante intercession, unie à celle de ta Très Sainte Épouse, des hommes nouveaux qui aient le courage d'abroger les lois iniques contre Dieu et contre l'homme, héritées d'un passé triste et sombre.

Avec ta protection, ô saint Joseph, que l'Italie continue d'être un centre vivant de civilisation chrétienne, un phare de lumière évangélique pour le monde entier, une terre de saints pour la gloire de notre Père céleste et pour le salut de tous les hommes.

Et, comme autrefois tu sauvas de la mort la vie menacée de l'Enfant Jésus, défends ainsi la Sainte Église de Dieu et la foi de nos familles contre tous les sombres pièges du mal.

Jésus, Joseph et Marie, bénissez, protégez, sauvez l'Italie ! Qu'avec votre aide et « par votre intercession » elle recommence à ouvrir les portes au Christ.

Amen.

Stefano Lamera

Ô très doux Joseph

Ô très doux Joseph,
père aimable de ceux qui se confient en Toi,
aujourd'hui et toujours je me confie à Ton Cœur,
« Tout » du Christ Jésus et de Marie.
Enseigne-moi l'abandon à la Providence,
le trésor du silence,
la totale soumission et donation à Dieu.
Remplis-moi de ta « passion » pour Jésus,
de ta « tendresse » pour Marie.
Que Ta main me conduise sur les chemins du Christ,
pour que je puisse vivre pleinement mon baptême.
Donne-moi la grâce d'être le consolateur
de ceux qui pleurent,
le soutien des personnes seules,
le guide qui indique la voie de l'Évangile.
Protège-moi des attaques du mal,
sois le bouclier sûr dans les tentations
et accueille-moi pour toujours dans Ton Cœur de Père
avec ceux qui se recommandent à moi
en particulier pour (...)
Tout, Ô doux Joseph, pour la gloire du Père,
du Fils et de l'Esprit Saint.
Amen.

Ô saint Joseph

Ô saint Joseph,
dont la protection est si grande et si forte,
si immédiate devant le trône de Dieu,
je place en toi tous mes désirs.
Ô saint Joseph assiste-moi
dans ton intercession puissante
et obtiens pour moi toutes les bénédictions spirituelles
par ton fils adoptif,
Jésus-Christ notre Seigneur,
afin que m'ayant remis à ta puissance terrestre,
je puisse t'offrir ma gratitude et mon hommage.
Ô saint Joseph, je ne me lasse pas de te contempler
et Jésus dormant dans tes bras,
je n'ose pas m'approcher de toi pendant qu'il repose
près de ton cœur.
Serre-le fort en mon nom
et embrasse sa tendre tête
pour moi et demande-lui de me rendre ce baiser
quand j'émettrai mon dernier souffle.
Amen.

Prière à saint Joseph, patron de l'Église Universelle

Ô Bienheureux Joseph, que Dieu a choisi pour porter le nom et la charge d'un père à l'égard de Jésus, toi qu'Il a donné comme époux très pur à Marie toujours vierge et comme chef à la Sainte Famille sur terre, toi que le Vicaire du Christ a choisi comme Patron et Avocat de l'Église Universelle, fondée par le Christ Seigneur Lui-même, c'est avec la plus grande confiance possible que j'implore ton secours très puissant pour cette même Église qui lutte sur terre.

Protège, je t'en supplie, d'une sollicitude particulière et de cet amour vraiment paternel dont tu brûles, le Pontife romain, tous les évêques et prêtres unis au Saint-Siège de Pierre.

Sois le défenseur de tous ceux qui peinent pour sauver les âmes au milieu des angoisses et adversités de cette vie. Fais que tous les peuples se soumettent spontanément à l'Église qui est le moyen absolument nécessaire pour obtenir le salut.

Veuille aussi accepter et agréer, très saint Joseph, la donation de moi-même que je te fais pleinement et intégralement. Je me voue entièrement à toi, afin que tu veuilles être toujours pour moi un père, un protecteur et un guide sur le chemin du salut. Obtiens-moi une grande pureté de cœur, un amour ardent de la vie intérieure. Fais que je suive aussi moi-même tes traces et que je dirige toutes mes actions à la grande gloire de Dieu en les unissant aux

affections du divin Cœur de Jésus et du Cœur Immaculé
de la Vierge-Mère.

Prie enfin pour moi, afin que je puisse participer à la paix
et à la joie, dont tu as joui toi-même autrefois, en mou-
rant si saintement.

Amen.

Pour avoir une vie sainte

Ô Joseph, père virginal de Jésus, très pur époux de la Vierge Marie, prie pour nous chaque jour pour que, armés de la Grâce de Jésus, fils de Dieu, luttant comme il se doit dans la vie, nous méritions d'être couronnés par Lui dans la mort.
Jésus, Marie, Joseph,
je vous confie mon cœur et mon âme.
Jésus, Marie, Joseph,
aidez-moi dans la dernière bataille.
Jésus, Marie, Joseph,
que mon âme s'en aille en paix avec vous.

Ô bon Joseph, ô mon tendre père, fidèle gardien de Jésus, époux chaste de la Mère de Dieu, je t'en supplie et te conjure de présenter à Dieu le Père Son Fils crucifié pour les pécheurs.

Dans le nom trois fois Saint de ton fils Jésus, obtiens-nous du Père Éternel, la faveur que nous sollicitons… Demande-lui miséricorde pour tes enfants.

Dans tes splendeurs éternelles, souviens-toi des tristesses de la terre ; souviens-toi de ceux qui souffrent, de ceux qui prient, de ceux qui pleurent. Par tes prières et celles de ta Sainte Épouse, Jésus nous répond et justifie notre espérance.

Amen.

Saint Joseph, époux de Marie, tu as connu comme nous la vie de famille. Ton amour mutuel est naturellement tourné vers le Fils de Dieu qui est devenu ton fils. Et comme nous, tu as dû cultiver ton amour au milieu des joies et des difficultés.

Saint Joseph, protège aujourd'hui notre famille. Aide-nous à comprendre. Que l'orgueil ou l'égoïsme ne blessent jamais nos sentiments. Rends-nous toujours plus fidèles à nos devoirs et aux rythmes de nos jours et assure-toi qu'ils nous rapprochent du Fils de Dieu toujours vivant au cœur de toutes les familles.

Amen.

Pour une personne malade

Miséricordieux saint Joseph, tu es l'espérance des malades, et toute la Puissance de Jésus est entre tes mains. Donc, il n'y a rien d'impossible pour toi. Écoute avec bienveillance ceux qui t'invoquent en ce jour à cause des membres souffrants de l'Église. Nous t'en prions, adoucis les douleurs de celui que nous te recommandons particulièrement. Donne-lui la grâce de la totale soumission à la divine Volonté. Mais montre-lui aussi ta bonté en lui transmettant la patience et en rétablissant sa santé, avec la grâce de mener une vie sainte tout à fait agréable à Dieu.

Bon saint Joseph, ne nous fais pas prier en vain, mais daigne, par cette nouvelle faveur, accroître notre confiance et notre gratitude envers toi et envers la divine bonté. Amen.

Pour les causes difficiles

Ô Toi que l'on n'a jamais invoqué en vain ! Toi qui es si puissant auprès de Dieu que l'on a pu dire : «au Ciel, Joseph commande plutôt qu'il ne supplie», tendre père, prie pour nous. Sois notre avocat auprès de ce divin Fils dont tu as été ici-bas le père nourricier et le protecteur fidèle.

Ajoute à toutes tes gloires celle de gagner la cause difficile que nous te confions. Nous croyons, oui nous croyons que tu peux exaucer notre demande en nous délivrant des peines qui nous accablent. Nous avons la ferme confiance que tu ne négligeras rien en faveur des affligés qui t'implorent.

Humblement prosternés à tes pieds ô bon Joseph, nous t'en supplions, aie pitié de nos larmes et de nos gémissements. Couvre-nous du manteau de ta miséricorde et bénis nous tous.

Amen.

INDEX